TOURISM LITERACY

観光のレッスン
——ツーリズム・リテラシー入門

山口 誠・須永和博・鈴木涼太郎——著

新曜社

はじめに――もっと自由になるためのレッスン

観光は、誰でも自然にできるものでしょうか。

たとえば自動車や電車や飛行機で日常から離れ、ひとときの非日常を楽しんだ後、もとの場所へ再び帰る活動を観光とよぶならば、それは他人に教えられることなく、誰もが自《おの》ずと行なっています。

では、同じ時間に同じ空間を観光する人びとは、およそ同じ体験をするのでしょうか――たぶん「違う」と考えられます。

たとえ同じ絵や音楽や映画や本であっても、人によっては「名作」にも、「駄作」にも、また「無意味な作品」にもなるように、まるで同じような観光を体験したとしても、そこにはさまざまな「違い」が生じます。

おそらく観光は、誰でも自然にできる生得的な活動ではなく、人間が行なう他の活動と同じように、生まれた後の長い年月のうちに学び習う、文化的な活動です。そしてその体験は、人によってさまざまな「違い」を生み出します。

そのため、観光には一定のトレーニングが必要であり、また可能である、と考えることができます――すると、この文化的活動とは、そしてそのトレーニングとは、いったい何でしょうか。

文化的活動と人間の自由

たとえば「あの人はピアノを弾ける」と聞いたとき、どんな姿を思い浮かべるでしょうか。ピアノを誰に習うことなく、気ままに八八本の鍵盤を押し続け、音の連なりを楽しむ姿でしょうか。

そのような演奏ジャンルも実際にありますが、しかし一般に「ピアノを弾く」といえば、まずはピアノの教室や先生のもとに通い、技能に応じた教材によって指の運び方や旋律の奏で方を習います。そうして一定のトレーニングを重ね、ときに発表会などで自《みずか》らの演奏を披露しますが、このとき「ショパンの楽譜を再現しているだけの、貧しい行為だ」「他人から習うなんて、オリジナルな体験とはいえない」などと批判されることは、まずないと思われます。

あるいは、絵を描くことが好きな人は、他人に習うことなく、自ら思いのままに描きたい絵を描き続けるでしょう。そのなかで絵の世界を究めたい、できればそれを仕事にしたいと思う人は、やはり絵画の教室や先生を探して基礎から習い、そして美術系の大学を目指すかもしれません。

そのとき求められるのは、デッサン（素描）の力です。たとえば白い石膏像を決められた時間内に素描する力は、一見するとオリジナルな絵を描く独創性とは無関係の、むしろ真逆の技能にみえるかもしれません。しかし絵画を本格的に学ぶためには、対象をしっかり観てキャンバスに描くデッサンの力が必須とされ、その技能の習得には多くの時間と努力をともなうトレーニングが求められます。

このような音楽や絵画が、文化的活動の例です。ただしそれは、芸術（アート）に限定されません。あらゆるスポーツや語学をはじめ、料理、読書、また自動車の運転やスマートフォンの操作など、人間が行なう活動のほとんどすべてが、学び習うことで身につく経験的で多様な技能たち（アートの複数形であるアーツ）によって可能になります。

そもそも生まれたばかりの子どもは、歩くことや話すことはもちろん、食べること、眠ること、そして排泄することさえ独力ではできず、一定のトレーニングによって学び習うことで、一つずつできるようになっていきます。人間は文化的活動の結晶体であり、その技能（アーツ）を適切なトレーニングによって高め続けていくことで、より多くのことをよりよくできるようになり、そうしてより自由になっていく存在である、といえます。

観光も、こうした文化的活動の一つです。そのため他のさまざまな技能（アーツ）と同じように、観光も一定のトレーニングによって深く学び習うことができ、そうして観光する技能を高めていくことができれば、新たな世界と出会うことができるはずです。

それにもかかわらず、音楽や絵画や語学や水泳など、他の技能（アーツ）にはたくさんの学校が存在し、多彩な教材や教育法も生み出されてきたのに対し、観光にはその技能を学び習うための学校も教材もメソッドも見当たらないのは、なぜでしょう。もちろん観光系の大学は全国に数多くありますが、「観光業で働くための技能」と同じかそれ以上に、ここで問う「観光するための技能」を本格的に学ぶことができる授業は、どれほど実現されているのでしょうか。

このままでは、観光が秘めた可能性を十分に活かせない、と危惧《きぐ》されます。

そのため本書は、観光にリテラシーという考え方を導入することで、文化的活動としての観光の可能性を探究することを試みます。次の1章では、この「ツーリズム・リテラシー」という概念について考えてみたいと思います。そして2章と3章では、ツーリズム・リテラシーの具体的な事例と方法をいくつか素描します。続く4章ではツーリズム・リテラシーの学術的な理解を深め、5章ではさらに観光を学び問うためのブックガイドを備えたいと思います。

自由へのトレーニングとしての観光

このように観光する技能を理解して習得し、さらにトレーニングを重ねていく先には、いったい何が待っているのでしょうか——ここでも上述したピアノや絵画などの例が参考になります。たとえばピアノの教則本をくりかえし練習したり、石膏像の陰影を描く技法をなんども練習することは、ときにつらく苦しいばかりのトレーニングになるかもしれません。

しかし困難な運指を体得して憧れの曲が弾けるようになったり、複雑な石膏像の陰と影を描き分けられるようになって自分の絵が変わりはじめたとき、まるで視界が開けて、新しい世界が観えるようになり、ワクワクする気持ちがわき起こるかもしれません。

そうして自らトレーニングを重ね、できなかったことができるようになること、さらには「できないこと」を自ら発見して、それを「できること」にするために探究し続けることができれば、わたしたちはもっとワクワクする体験を重ねていき、もっと広い視界を手に入れて未知の世界と出会い、そうしてもっと自由になっていくことができるはずです。

それゆえ他の文化的活動と同様に観光も、あるいは観光こそ、その独特な「観る」技能のトレーニングによって、さらに自由になっていく体験を生み出していくことができる、と本書は考えます。

このとき自由には、二つの種類があります。思想家のE・フロムによれば、それは「〜からの自由（freedom）」と「〜への自由（liberty）」です。両者に優劣はなく、むしろ両者ともに必要な人間の基本条件ですが、これまでの観光では前者、すなわちリゾート（休息、静養、避難）に象徴される「〜からの自由」に注目してきました。そこでこれからの観光には、後者の「〜への自由（liberty）」を探究していくことを期待したい、と本書は考えます。

そうして「できないこと」を「できること」に変え、さらには「できること」そのものを新たに創り出す、文化的活動としての観光を新たな観点から理解し、そこに秘められた可能性を探究していくことで、わたしたちはいまよりもっと自由になることができる――これから「自由への技能（リベラル・アーツ）」としての観光と、そのリテラシーについて、みていきましょう。

観光のレッスン
——ツーリズム・リテラシー入門

目次

5章　もっと観光を学び問うためのブックガイド　161

装丁＊加藤賢一

1章　ツーリズム・リテラシーとは何か

一　「観光」とは

観光とは何でしょうか。たとえばそれは、「楽しみのための旅行」でしょうか。たしかに温泉地への家族旅行、テーマパークや海水浴場へのグループ旅行、ヨーロッパへの美術館めぐりの旅、また東南アジアへのひとり旅など、さまざまな観光が日々行なわれています。

これまで観光とは、スポーツ、読書、音楽や映画鑑賞などと並ぶ余暇活動、すなわちレジャーの一つとして考えられてきました。二〇〇八年に観光庁を新設した日本政府も、観光を二一世紀の基幹産業として位置づけ、おもにその消費の動向を注視しています。そのため観光はレジャーの一種であり、日々の労働や勉強から離脱してストレスを解消する、楽しい消費の体験といえるかもしれません。

観光の困難

しかし近年、こうした「労働や勉強の反対側」にあったはずの観光の輪郭《りんかく》が、あいまいになってきています。それまでの「生産と消費」や「苦と楽」といった二項対立の図式にはおさまり切らない観光の事例が、いくつも現われているためです。

たとえば大学生をはじめ、日本の若者たちから人気を博している観光に、東南アジアの孤児院やホスピスや教育施設などで奉仕活動を体験するボランティア・ツーリズムがあります。数日間のツアーには、名所の見学や名物の食事など楽しい消費の時間もありますが、その中心にはお金を払ってまで一時的な労働を体験するという、一見すると観光とはいえないような逆説的なプログラムがあります。

同じように消費よりも労働や勉強にちかい観光のかたちとして、自然保護などの重要性を学ぶエコ・ツーリズム、農業体験や山村滞在をはじめとするグリーン・ツーリズムなどがあります。他方で、従来の「楽しさ」とは異質の観光のかたちとして、戦跡や被災地を訪ね、死に対する悲しみや悼む気持ちを共有するダーク・ツーリズムも話題を集めています[1]。

このように、いわゆる「楽しみのための旅行」やレジャーの概念ではとらえ切れない、さまざまな観光のかたちが数多く出現しています。さらには、これまで観光地ではなかった工場や墓地や古木、そしてわたしたちが暮らす日常生活の場でさえ、新たな観光の対象になり、ときに人びとの大行列が発生することもあります。

もはや行き先や目的から「観光」を定義することは、じつに困難です。いいかえれば、どこでも観光地になり、何でも観光の対象になりうる時代、あるいは観光と無関係なものがほとんどない社会が、すでに到来していると考えられます。

［1］これらの他にもテーマを冠した観光やツーリズムは今後も増えると考えられますが、そこには移動（モビリティ）の体験が前提とされていることから、やはり観光とはある特定のかたちをした移動の体験といえるようです。

そこで本書では、レジャーとしての観光だけに限定せず、より広い視野から観光の可能性を考えるために、世界を「観る」体験として観光を再解釈し、その「観る」ということのメカニズムを考えてみたいと思います。

「観」の原理

そもそも「みる」という日本語には「観る」だけでなく、「視る」「診る」「看る」そして「見る」など、いくつもの漢字があります。そして英語でも「観る」に相当する gaze のほか、see や look や watch などの語が複数あります。それぞれの語源をていねいにたどれば、それこそ興味深い違いが「みえて」きますが、ここでは観光という語に使われている「観る」と、それに対応する英語の gaze に着目して、その意味を考えてみたいと思います。

第一に「観る」の「観」は、観光のほか、観察、観測、観賞、観戦、観客などにも使われていることからわかるように、意識をはたらかせて対象をしっかり見ることを意味します。第二に「観」は、世界観、生死観、史観、主観そして客観などにも用いることから、対象を見る技法とその結実としての思考も意味します。

すなわち「観る」ことには、自分の外にある対象を意識してしっかり「見る」という第一のレベルと、そうして見ていることそのものを「見る」という、一段深い意識が作用する第二のレベルがあります。このように、二重に「見る」という構造が「観る」ことをつくり出していることに、ここでは注目したいと思います。

さらに「観る」と対応するgazeという英語には、もう一つの重要な特徴があります。たとえば観光の研究には『観光のまなざし』という必読の書があります。その原題はThe Tourist Gazeであり、観光者として世界を「観る」ということ、つまり観光的に「gazeすること」を社会学の視点から問うた本です。[2] その著者のJ・アーリによれば、「観る」＝gazeという行為は「実は習得された能力であって、純粋で無垢《むく》な目などはありえない」といいます。

一例をあげれば「観光者が、パリでキスをしているカップルを見た場合、そのまなざし（gaze）にとらえられたものは「永遠のロマンティックなパリ」となる」とアーリは述べます。もちろんパリは必ずしも「ロマンティックな都」であるとはいえません。他の都市と同様に、犯罪や差別や貧困などの社会問題は存在しますが、それでも「パリ」がひときわ「ロマンチックな都」に「観える」ことは、そうした「ものの観方」を人びとが予《あらかじ》め社会的に学習し共有した結果といえます。

このように「観る」＝gazeとは、社会的に構築された行為（パフォーマンス）であり、観光する人びとはただ個人的に何かを「見る」のではなく、また誰が見ても同じように「見える」ということはありえず、わたしたちは後天的に「見る」技法

［2］一九九〇年に初版が出版された同書は、何度か改訂され、二〇一一年にはJ・ラースンを共著者に迎えた第三版（The Tourist Gaze 3.0）が刊行されています。いわゆる観光社会学の学術書ですが、観光を考えるために役立つ議論が詰まった、観光研究の古典でもあります。本書でも何度か参照しており、また5章でその概要を紹介しています。

を習得してからものごとを「観る」という文化的な活動を実践している、といえます。そうして「観る」体験が社会的に構築されたものであるならば、それは意識化して新たにつくり変えることもできるはずです。

「観る」ことのトレーニング

「観る」ことを実践しつつ、それをつくり変えていくとは、どういうことでしょうか。ここで他の文化的な活動を参考にすれば、楽器の演奏や語学の学習では、ときに自分の演奏や発話を録音し、それを自ら聴いて修正するトレーニングの方法が、広く用いられています。またスポーツの世界、たとえば野球やサッカーやフィギュアスケートなどでは、自らのプレーをビデオ録画して、あとで自分自身の姿を注意深く「観る」ことで修正すべきポイントを発見するとともに、コーチや指導者と一緒に「観る」ことで、いかに分析すると何を見いだすことができるのか、つまり「観る」方法そのものを学び習うことが、一般に行なわれています[3]。

このとき録画したビデオをただ「見る」だけでは効果が薄く、すでに「観る」ことをマスターした専門家や指導者からその「観る」技能を教えてもらうプロセスが重要な意味を持ちます。本書の筆者の一人は、二〇〇〇年代のイギリスに留学したとき、自分の研究発表をビデオ録画し、教員と一緒に「観る」というプログラムを

[3] 記録装置を駆使して「主観」を脱し、「客観」を体験する方法は、さまざまなトレーニングの場に浸透しており、その解説書なども多数ありますが、重要なのは「トレーニングの方法」そのものをトレーニングすることであり、どれほど録画して練習しても上達しない場合は、ここでいう二重に「見る」ことの実践に問題があると考えられます。

体験しました。普段は見ることのない自分の姿を、教室のスクリーンに大写しされることには気が滅入りましたが、しかし話し方やスライドの使い方などを注意して「見る」とともに、その「見る」方法まで意識して「見る」ことで分析の方法を習うという、二重に「見る」ことで自らの「観る」ことをつくり変える技能のトレーニングは、後々まで活用できる貴重な財産になりました。

もちろん観光には、このような録音や録画による「観る」ことのトレーニングは、なじまないかもしれません。しかし旅先で撮影した写真や、家族や友人に送信したSNSのタイムラインや、移動の経路や旅程などを改めて「見る」ことは、他の文化的な活動と同様に「観る」技能を養い、そして自ら「観る」ことをつくり変えていくルートへと、結びつけることができるかもしれません。そうしたアイデアのいくつかは、次章以降で例示したいと思います。

このように「観る」＝gazeには、①ある対象を意識して「見る」こととともに、②自らの「見る」ことそのものを「見る」こと、という二つのレベルがある、と考えられます。「観る」こととは二重に「見る」ことであり、それはわたしが何かを「見る」と同

図1　二重に「見る」＝「観る」

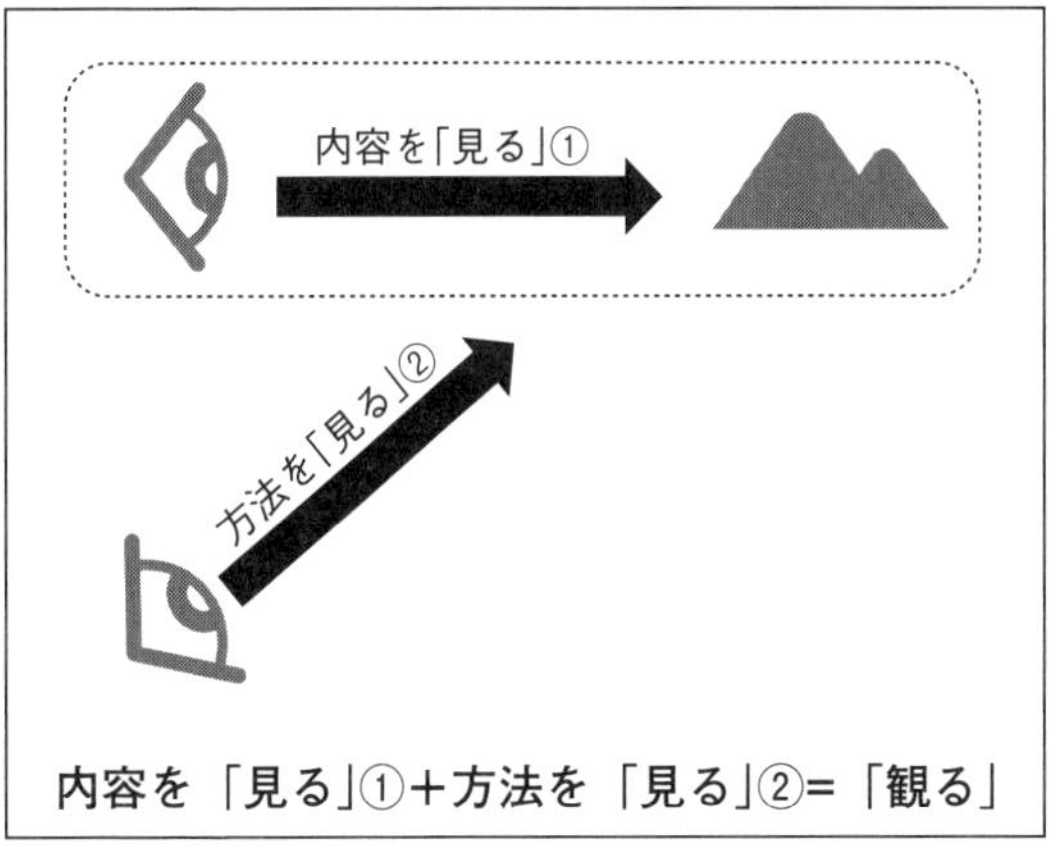

時に、わたし自身の「見る」行為も「見る」ことで、よりよく「観る」という体験を可能にします。そのため「観る」ことは生得的な能力ではなく、社会的に習得された技能とその思考であるとアーリはいい、そして本書はその「つくり変えの可能性」に注目したいと思います。[4]

よりよく「観る」技能へ

ここで観光とは何か、という冒頭の問いにもどれば、それは世界を「観る」体験であり、単に有名な場所を訪れる旅や、ただ注意深く見学する体験とは、根本的に原理が違う、と考えることができます。観光の体験として世界を「観る」ためには、対象を意識化して見ることと同じぐらい、自らを意識化して見ること、いわば二重に「見る」ことが重要であり、それは社会的に習得されていく技能です。そうして世界を「観る」ことは自分自身を「観る」ことと表裏一体の関係にあり、両者はよりよく「観る」ための技能とその思考のトレーニングへ、開かれていると考えられます。

このように世界を「観る」ための技能と思考を十分に意識化し、それを学び習うための道筋を見いだすため、本書ではリテラシーという概念を観光に接続し、「ツーリズム・リテラシー」という考え方を導入することを試みます。

[4] この「観る」ことの意味、とくに二重に「見る」という特徴は、近年の社会理論などで議論されてきた「再帰性（さいきせい）」とかかわる重要な論点であるため、のちほど本書の4章で改めて考えてみたいと思います。

二　ツーリズム・リテラシーという考え方

リテラシーとは？

リテラシー（Literacy）とは、文字を読み書きする能力、つまり識字力を意味する英単語です。

たとえば新聞や小説や手紙など、文字で書かれた文章を読むことができる能力は、先ほどみたgazeの場合と同じく、誰でも自然と身につく生得的な能力ではありません。日本語ならば、ひらがな、カタカナ、そして漢字など、膨大な数の文字を暗記する作業からはじまり、主語の次にくる「は」を「わ」と読むなどの例外を覚え、そして品詞、活用、人称、時制などの膨大な文法や実例を理解し、さらにそれらを実用しては間違いを修正されて再び覚え直す、といった長いトレーニングによって獲得される、後天的でじつに人間的な能力です。「はじめに」でも記しましたが、人間は誰も、生まれてすぐに話したり、読んだり、書いたりできません。[5]

こうしてリテラシーの習得には長い時間と多大な努力が求められる一方で、興味深いことにひとたび一定の水準に達すると、人はそれを「自然」に運用するようになります。つまり、ほとんど意識せずに文字を読み解いたり、手紙やメールやメモ

[5]　本書におけるリテラシーの概念は、メディア・リテラシーをめぐる議論、とくに水越伸と東京大学情報学環メルプロジェクトによる一連の研究を参考にして、構想しています。その詳細は本書の4章の記述を参照願います。

を記したり、ときに自分の思いや考えをかたちにするために抽象的で難しい長文を書いたりします。

とくに学校教育を卒業すると、自分のリテラシーを意識化する場面は減り、それをわざわざ再考したり、よりよい能力の習得を目指してトレーニングする、などの機会は減少します。むしろリテラシーは「自然」で「透明」な能力になってしまいます。

そうした文字の技能と同じように、観光する技能も「透明化」されやすいです。たとえば初めてのひとり旅や海外旅行はわからないことばかりで、緊張と不安に満ちているはずです。しかし観光の体験を重ねるとその技能は意識されずに「透明化」され、いつのまにか自らの観光のかたちをわざわざ再考したり、自分の「観る」体験を見直すような機会は、ほぼ消えてしまいます。

ところがリテラシーの習得には本来、終わりがないはずです。それは他の文化的な活動と同様に、学び習い続けること、そして自ら探究し続けることで、よりよく実践できるようになる人間独自の技能です。そのため観光にもリテラシーの考え方が必要であり、また可能であると、本書は考えます。こうした観点から、本書はツーリズム・リテラシーという考え方を提示したいと思います。

ツーリズム・リテラシーと三つの層

ツーリズム・リテラシーとは、よりよい観光を実践するための技法と思考であり、それは観光に独特な構造を反映して、「ツーリスト（観光者）」「メディエーター（観光業）」「コミュニティ（観光地）」の三つの層から構成された、世界を「観る」技能である、と本書では定義します。[6]

ツーリズム・リテラシー ｛ ①ツーリスト（観光者）のリテラシー ②メディエーター（観光業）のリテラシー ③コミュニティ（観光地）のリテラシー

まず第一層の「ツーリスト（観光者）」のリテラシーは、訪問地や訪問目的の検討、交通手段や宿泊施設やツアーなどの選定と予約、ガイドや案内書やプログラムなどの手配と入手などをはじめとする、観光を自ら実践するための具体的な技法を意味します。くわえて、旅先で何を「観る」のかを検討し、そのために事前の情報収集や旅程作成などの準備をして、そして現地で「観る」ことを実践するための思考も意味します。

そうして観光することで世界を「見る」ことと同時に、自らの「見る」ことを対

[6] この三つの層は方法論的に切り分けたモデルであり、実際の観光の現場では複数の層にまたがる事例が多くあると考えられますが、ここでは各層の特徴を図式的に区別して、議論を進めたいと思います。

象化して「見る」ことを二重に実践し、よりよく世界を「観る」ことができるツーリスト（観光者）になるための技法と思考を学び問うことが、第一層の特徴です。

　次に第二層の「メディエーター（観光業）」のリテラシーは、旅行会社、ホテルや旅館、交通・運輸業、観光コンサルティングなどの観光産業、そして観光のためのガイドやメディアやおみやげなどの関連産業をはじめとする、観光を事業として実現する現場で求められる技法と、そうした観光業のあり方を再検討し、新たな観光を創造し実現するための思考を意味します。

図2　ツーリズム・リテラシーの3層構造

　たとえば旅行会社、宿泊施設、エアラインなどの観光の現場で求められる具体的な接客の技法から、持続可能な観光事業や新たな観光振興策の計画に必要な思考まで、第二層の範囲は多岐にわたります。これは従来の観光教育、なかでもホスピタリティ教育として国内外で実践されてきた領域とほぼ重なる部分ですが、いわゆる観光業をビジネスとして実現させるための実務的な技法だけでなく、今日の観光業そのものを意識的に「観る」ことで、新たな観光業に必要な技法と思考を追求することが、第二層の特徴です。

そして第三層の「コミュニティ（観光地）」のリテラシーは、「ツーリスト（観光者）」を受け入れる側にかかわる技法と思考であり、そのコミュニティ内部における観光の価値を改めて「観る」ためのリテラシーです。このときゲストとホストの「縦の関係」がイメージしやすいかと思いますが、それにくわえてホストとホストの「横の関係」も重要になってきます。たとえば観光地の住民をはじめ、観光協会、自治体の観光課、さまざまなNGO、そして観光ボランティアなどコミュニティの主体にとって、「ツーリスト（観光者）」を受け入れる際に役立つ具体的な技法や、オーバー・ツーリズム（観光公害）などの課題に対処する方法、そして観光とともに生きることの価値と課題を「観る」ための思考を意味します。

そうして観光の経済的効果だけでなく、共同体のつながりを強めたり弱めたりする観光の両義的な効果も意識化し、「ツーリスト（観光者）」を受け入れること、そして観光とともに生きることへの理解を深めるための技法と思考を支えることが、第三層の特徴です。

これら三層すべてを一人で習得することは容易ではなく、その必要もありません。ツーリズム・リテラシーの三層構造は、観光の可能性を可視化するための「ものさし」であり、さらなる精緻化は今後の課題でもあります。

そして本書がツーリズム・リテラシーを導入する理由の一つは、第一層の「ツーリスト（観光者）」のリテラシーを改めて浮き彫りにし、その価値を検討することにあります。いいかえれば観光は社会的に構築された技能であり、その技法と思考は意識的に習得することができる、という考え方を明確化し、その道筋を検討するため、次に「ツーリスト（観光者）」のリテラシーに注目して、議論を進めたいと思います。[7]

三 ツーリズム・リテラシーの原理

リテラシーを学び習う意義

そもそも旅とは誰でも自由にできる個人的な趣味であり、その方法を他人から学んだり、わざわざ真面目に議論したりする活動ではない、という意見もあるかもしれません。そうした考えにはある程度の理解もできますが、ここでは「旅」のすべてではなく、その一つのかたちである「観光」あるいは「ツーリズム」に的《まと》を絞り、ツーリズム・リテラシーという考え方を探究したいと思います。

[7] たとえば大学で観光を学ぶ人や観光業で働く人や「観光まちづくり」に取り組む人が、それぞれの観光を意識化して二重に「見る」ことで、よりよい観光を実現するための技法と思考を習得するとき、あるいはさらに高めようと試みるときに参照する道具の一つです。

このツーリズム・リテラシーを習得し、トレーニングしていく先には、いかなる世界が「観える」のでしょうか。たとえば「旅は人をつくる」という表現をしばしば見聞きしますが、本書はこれに「社会をつくる」という語を付け加えたいと思います。すなわちツーリズム・リテラシーの観点からみれば、「観光は人をつくり、社会をつくる」といえます。その理由は、観光という旅の一形式が持つ、その独特な移動（mobility）の原理にあります。

「一周する」移動の原理

旅の歴史は人間そのものの歴史と同じぐらい古く長いものですが、その一つのかたちである観光は一九世紀の前半にヨーロッパで形作られ、二〇世紀の半ばに旅の主流となった、比較的新しい移動の一形式であると、観光の研究では考えられています。

そうした観光あるいはツーリズム（tour-ism）の特徴は、そのツアー（tour）の語源とされるラテン語のトルナス（tornus）、さらには古代ギリシア語のトルノス（τόρνος）が意味するように、「円」や「円を描く道具」の原義に由来する、「一周する」という移動の原理にあります[8]。

すなわち「一周する」移動として観光をとらえると、日常の生活空間から非日常

[8] 現在でもフランス語の tour（ツール）には「一周」という意味があり、それは世界的に有名な自転車レース「ツール・ド・フランス（フランス一周）」などに使用されています。

の観光地へ向かう「行き」の移動だけでなく、その折り返しとして観光地から日常生活へ向かう「帰り」の移動が、予《あらかじ》め視野に入っている旅のかたちであることがみえてきます。いいかえれば、日常から非日常を体験し、再び日常へ帰ってくるという「一周する」移動の原理こそが、さまざまな旅のかたちのなかで観光という一形式に宿る、独自の価値と考えられます[9]。

もちろん他の旅のかたちでも、その大半は日常生活や出発地へ帰ってきます。しかし旅（travel）や旅行（trip）や漫遊（journey）や見物（sightseeing）などと比較したとき、観光（tourism）では「行き」と「帰り」が切れ目なく結びつき、いわば「一周する」移動の原理が他よりも浸透して透明化されている、といえます。

たとえば観光が「当たり前」になった現代では、出発する前から「行き」と「帰り」を予め決めて入手するツアーや往復チケットなどの商品が大半を占めています。いまや出発した後に旅程を伸縮することは費用の面でも日程の面でも難しく、また珍しくなりました。このような「行く」前から「帰り」を予め約束（つまり予約）する旅のかたちは「当たり前」のスタイルではなく、そして「行き」と「帰り」が透明かつ自然に連結した（ようにみえる）移動のかたちは、一九世紀以降の観光の時代に広まった特徴的なモビリティの様式です。

さらに観光の時代では、「行き」よりも「帰り」をより強く意識した事例、つま

［9］より精緻な「観光」の定義とその特性については、岡本伸之編『観光学入門——ポスト・マス・ツーリズムの観光学』（有斐閣、二〇〇一年）、安村克己・堀野正人・遠藤英樹・寺岡伸悟編著『よくわかる観光社会学』（ミネルヴァ書房、二〇一一年）などを参照。

り「一周」後の視点から観光を逆算して組み立てるような事例も多々あります。なかでも卒業旅行、家族旅行、新婚旅行などでは、その「行き」先と同じぐらい、あるいはそれ以上に「帰り」後に得られる思い出が重視され、そうして「行き」先は「帰り」後の視点から予め吟味され、ときに「行き」先は容易に変更されます。たとえばシンガポールへの卒業旅行を計画した大学生たちが、予算や日程などの条件が合わずに行き先をソウルや台北などへ変えたり、箱根への社員旅行を計画した関東の会社が条件面から熱海や鬼怒川などへ変更することもあります。

こうして観光する動機が「行き」先への興味関心よりも、「一周する」移動が「帰り」後にもたらす価値や意義にシフトしつつあることも、観光が「当たり前」になった時代にみられるもう一つの特徴です。

いま一度、観光を他のさまざまな旅のかたちと比較すれば、その「行き」と「帰り」を透明に連結させた「一周する」移動の原理を持つこと、ときに「行き」先よりも「帰り」後が重視されたり「行き」先が容易に変更されたりすることから、まるでブーメランの軌道のように観光地での非日常（アウェイ）の体験と同等かそれ以上に観光の前と後にある日常（ホーム）を重視する、独特な「一周」を描く様子が観えてきます。

円環から螺旋へ

このように観光は「一周する」移動を原理とするため、その観光者の動きはいわゆる「線」ではなく「円」を描きます。ただしその円は、同じところをグルグルと回るような閉じた「円環《えんかん》（ループ）」ではなく、横に回転しつつ縦に伸びていき、同じところには戻ってこないような開かれた「螺旋《らせん》（スパイラル）」を描く、と考えられます。

たとえば、一生に一度できるか否かの宗教巡礼を象徴とする近代以前の旅とは異なり、好みに応じて何度でも行けるほどに世俗化され、また一般化された近代の観光では、一人の観光者は前の観光の体験をもとに次の観光を計画し、そして次の観光の体験は、その次の観光へと活かされます。こうして一つひとつの観光の体験は、閉じたループを描いてバラバラに点在するのではなく、前の観光とともに次の観光にもそれぞれ結びつき、いわば大きな観光の螺旋を描き出す要素になります[10]。

このような観光の螺旋を、具体的な例から考えてみます。ある観光者は、今回の観光（A）で食べ歩きの魅力を知り、次の観光（B）では観光ガイドブックやネットのグルメサイトが紹介する有名店や、ホテル、タクシー、観光案内所などで紹介された地元で人気のレストランを訪れるかもしれません。さらにその次の観光（C）では、現地の人びとが日常的に通う小さなカフェや、昼時に行列ができる持

[10] これまでの観光の研究や教育では、一つひとつの観光行動を「独立」あるいは「分離」させて検討してきた傾向がありますが、しかし観光を「フロー（流れ）」としてとらえたとき、まったく違った社会的意味が姿を現わします。そうした新たな観光の研究と教育が待たれています。

ち帰り専門店や、市場で買った食材をその場で調理してくれる食堂などを探し歩くかもしれません。こうして同じ観光者による同じ「食べ歩きの観光」であっても、その観光AとBとCでは「行き」先が変化していくこと、それに応じて観光者の「観る」技能も深化していくこと、などが考えられます。それは自らの「見る」ことを「見る」という二重の意識をはたらかせて、よりよく「観る」ための技法と思考を自ら編み出す過程でもあり、そうした観光の軌跡は閉じた円環（ループ）ではなく、次の機会へと開かれた螺旋（スパイラル）を描きつつ進んでいく、と考えられます。

もちろん観光の螺旋はつねに生じるものではなく、人によっては観光AとBとCを結びつけず、ただ同じ旅のかたちをループし続けるかもしれません。あるいは上述の例でいえば、現地の食堂へ向かう人もいれば、ミシュランの三ツ星を獲得した高級レストランを食べ歩く人、そして食べ歩きとは異なるテーマを見いだす人もいるはずです。こうして観光の螺旋は一種類ではなく、じつに多種多様に生じます。

観光の螺旋へ

このような観光の螺旋は、個人のレベルで生じるだけでなく、複数の人びとが共有したり、より集合的なレベルで生み出されることもあります。そのなかには社会的に広まって定着していき、一つのスタイルを形作るような観光の螺旋もあります。たとえば古くは「温泉旅行」や「家族旅行」や「ハイキング」などがあり、最近では「パワースポット観光」や「女子旅」や「アニメ聖地巡礼」や「絶景観光」などがあります。集合的に共有される観光の螺旋は、さまざまな観光のスタイルを社会的に生み出し、また過去のスタイルをつくり変える推進力にもなりうることがわかります。

ここでツーリズム・リテラシーの議論へ再び帰れば、「一周する」移動を原理とする観光の螺旋は、その移動のスタイルを意識化して「見る」だけでなく、その可視化された観光のかたちをクリティカルに「見る」ことで、個人のレベルはもちろん、集合のレベルでも観光の螺旋をどんどん深化させていき、新たな観光のかたちを生み出していく回路へと結びつけることができる、と考えられます。

そうして「一周する」原理を持つ近代の観光は、他

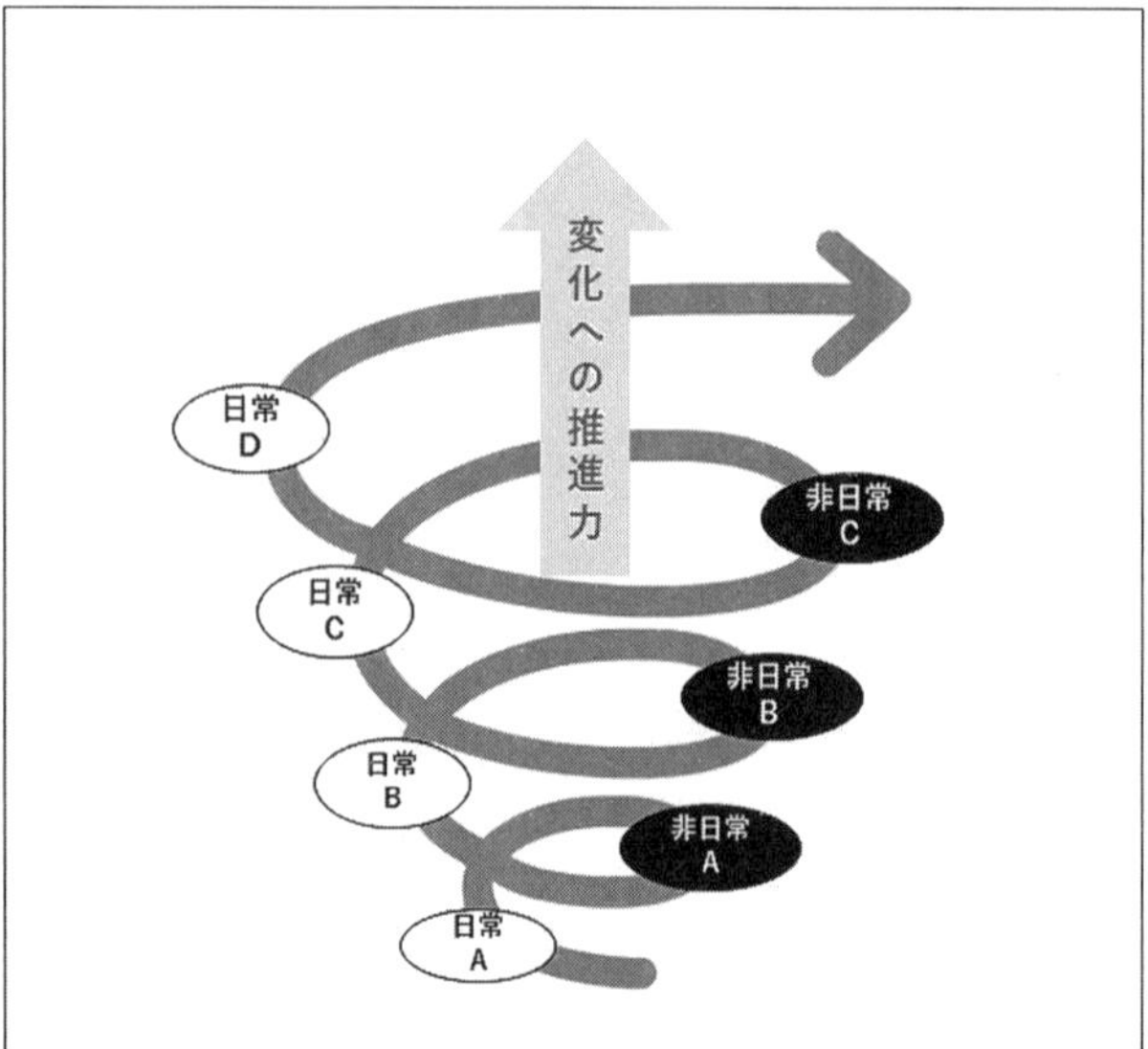

図3 「観光の螺旋」の概念図

の旅の諸形態よりも日常（ホーム）に深くかかわった行為であるため、その観光の螺旋が深化していけばいくほどに、それと接続する日常空間も影響を受け、それらを内包する社会が変化していくきっかけとなる、と考えられます。意識的で自覚的な観光の実践は、その螺旋を描く原理ゆえに、社会を変えていく推進力にもなりえます。こうしてツーリズム・リテラシーの観点からみれば、よりよく「観る」ことを探究していく観光の螺旋は、それを実践する人間を形成するとともに、そうしたよりよく「観る」人びとが生きる社会そのものをつくり変えていく回路にもなりうる、と考えることができます。

まとめれば、観光を通じて二重に「見る」こと、すなわちよりよく世界を「観る」技能としてのリテラシーを意識的に習得することは、より多様な世界と出会いワクワクする人をつくり出します。そして「観る」ことが社会的に習得され実践されるパフォーマンスである以上、いわゆる「観っぱなし」はできないはずであり、多様な「観る」ことを実現する人びとが多数現われていけば、それだけ多様性に満ちた社会をつくることへ、つなげることができます。そうして観光の螺旋をうまく活用できれば、「観光は人をつくり、社会をつくる」ための回路を開くことも可能になるはずです。

以上のことから、ツーリズム・リテラシーは「観光は人をつくり、社会をつくる」という考え方を重視します。さまざまな出会いによって人を育てる旅は、その旅をする個人にとって貴重な体験になりますが、それだけにとどまりません。人とともに社会をつくり出す観光ならではの螺旋を理解し、それを生み続けることができれば、人をより自由にし、また社会をより多様なものにつくり変えていくことができます。

四　観光の可能性は尽くされていない

リベラル・アーツとしての観光

もはや観光とは、楽しみのためのレジャーに限定されるべき行為ではなく、その原理を紐解《ひもと》けば明らかなように、より大きな可能性を秘めた近代社会に特有の活動としてとらえることができます。そしてアーリがいうように、観光は社会的に習得された技能であるならば、その「観る」ための技法と思考を改めて社会的に問い、再帰的に構築し続けるルートを模索することができる、と考えられます。

もちろん観光すれば誰もが必ず人間として成長し、自ずと社会が改良されるとはいえず、これまで議論してきた「観る」ことと観光の螺旋を実践するためには、他の文化的な活動と同様に基本的な技能を習得し、それを運用するためのトレーニングが求められます。このときツーリズム・リテラシーという考え方は、単に観光の教育の新たな方法論を考えることにとどまらず、近代社会においてより自由になるためのリベラル・アーツになりうる、と考えられます。

リベラル・アーツとは、しばしば「教養」と訳されますが、その原義は「リベラルになる（自由になる）ためのアーツ（術）」を意味し、すなわち人間がさらに自由になるための術を指し示します。そうした術の集積体としての古典や教養が整備され、やがて体系化されたはずですが、その根源には今日の状況に満足せず、明日への自由を目指したアクチュアルな技法と思考こそがあり、その飽くなき自由への探究こそがリベラル・アーツの精神であったと考えられます。

こうした観点からみれば、「人をつくり、社会をつくる」ことを原理とする観光のリテラシーは、より自由な観光を実現するだけでなく、よりよく「観る」ことを通して、よりよく生きることに結びつけることができる、現代のリベラル・アーツ（自由になるための術）の一つとして再定義することができます。それは多くの人びとが観光を通じて習得することができる社会的な技能であり、その技法と思考を具体的に検討して実践することが、ツーリズム・リテラシーの教育と研究に期待されます。[11]

観光は人をつくり、社会をつくることができる原理を内包した、高度に文化的な

［11］　リベラル・アーツとしての観光という考え方については、本書の4章で改めて考えたいと思います。このときリベラル・アーツは「教養」ではなく、「自由になるための技能」としてとらえるべきであり、観光研究者のJ・トライブは観光教育こそ「自由になるための技能」の体験的教育（リベラル教育）に適している、と論じています。

活動です。いま理解されている観光のかたちを再考すれば、それが唯一でも、絶対でも、そして最良でもなく、むしろ多様な選択肢のいくつかにすぎないことが、観えてきます。それゆえ観光の可能性は、十分に尽くされているとはいえず、観光の研究も教育も、やるべきことは多くあります。

「自由への観光」のために

上述したように、ツーリズム・リテラシーの三層構造のうち、本書がとくに注目するのは第一層の「ツーリスト（観光者）」のリテラシーです。それを習得することで、自分が生きる今日の世界が揺らぎはじめ、「いま」が一つの選択肢にすぎないことを知り、よりよい自分と世界への移動を行なうことが可能になります。いまの自分と社会を相対化することには不安で不確定な一面もありますが、しかし新しいことを知り、見えなかったことを「観る」ことの喜びを生み出す一面もあります。

そうして出会いを楽しみ、相対化を楽しみ、そして多様性を楽しむ自由への技能を探究することこそが、ツーリズム・リテラシーの可能性であり、楽しむこと、すなわちワクワクすることを推進力とした教育と研究の実践こそが、ツーリズム・リテラシーという考え方を導入する究極の目標です。

もちろんツーリズム・リテラシーは、大学などの高等教育機関だけに限定すべき技能ではなく、高校や中学校などでの学校教育はもちろん、社会教育の場や公開講座、そして独習などの多様な機会に開かれたリベラル・アーツであるべきと考えられます。いわばツーリズム・リテラシーへの入口はたくさんあるため、そうしたツーリズム・リテラシーを学び習い、そのトレーニングをはじめるためのヒントの数々について、観光研究の議論と結びつけて素描するのが、次に続く二つの章の役割です。そこではツーリズム・リテラシーの技法と思考を深化させるためのルートを、いくつか提示していきます。

よりよく世界を「観る」ための一手として、そして人をつくり、社会をつくる観光への一歩として、ぜひ次章以降のツーリズム・リテラシーのフィールドとアイデアを自由に応用して、「観る」ことを楽しんでください。

2章　ツーリズム・リテラシーのフィールドから

フィールド1

「わたし」ツーリズム――「新たな観光の様式」へ

紹介地　「わたし」の場所（ホーム）

観光とは、「不要不急」の余暇活動にすぎないのでしょうか。たとえば二〇二〇年に世界的なパンデミックを引き起こした「新型コロナウィルス感染症（COVID-19）」は、移動そのものがリスクになることを、わたしたちに知らしめました。未知の病気を防ぐため、世界中で「ステイ・ホーム」を合言葉に移動が厳しく制限され、日本でも外出の自粛が求められました。

このとき観光は不必要な移動をともなう問題行動とみなされ、たとえ「コロナ禍」が終息した後でも、従来の観光のかたちを回復することは難しいだろうといわれました。

もはや「観光すること」そのものを諦《あきら》めたり、やめたりすべきなのでしょうか。あるいは「コロナ禍」を受けて「新しい生活様式」が模索されたのと同じように、これまでの観光のかたちを再考し、「新たな観光の様式」を創り出すことはできないでしょうか。

「新たな観光の様式」へ

たとえば、これまでの観光をふりかえると、「外」へ「出」ること、つまり「外出」する移動と、その「行き先」ばかりが注目されてきました。

しかし観光には、「外出」して「行き先」を訪れる〈前半〉とともに、「わたし」の日常に向けて「帰り」の移動をする〈後半〉が必ずあります。とくに「一周すること」を語源に持つツーリズム（tour-ism）では、〈前半〉における「行き（外出）」の移動と「行き先」は、〈後半〉における「帰り（再帰）」の移動および「わたし」の日常から、切り離せない構造を持っている、と考えられます。

そこで観光の〈前半〉ばかり重視してきた従来のかたちとは別に、その〈後半〉に光をあてた「新たな観

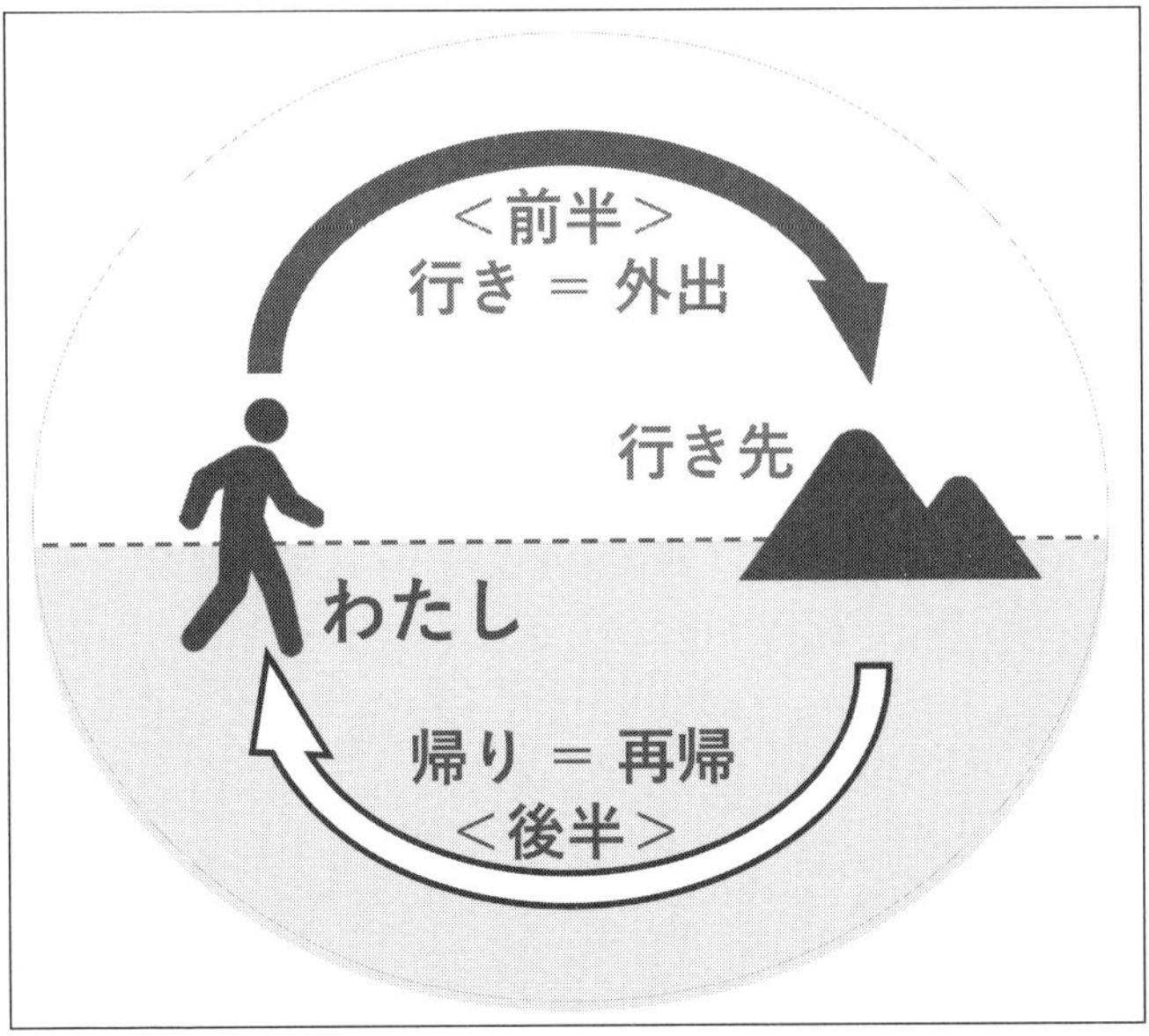

図1　これまでの観光は〈前半〉を重視した。これからの観光は〈後半〉も探究する。

光の様式」を、わたしたちは創り出せないでしょうか。いいかえれば外出して「どこか」で「誰か」と出会う観光に対して、「ここ」で「わたし」と出会う観光です。それは世界ではなく「わたし」を意識的に観る体験となり、ツーリズム・リテラシーの新たな実践になることが期待できます。

そのため観光の〈後半〉に着目した具体的な実践の方法を考えることから、「新たな観光の様式」への道筋を探究してみたいと思います。

「二重の再発見」

たとえば上述した「ステイ・ホーム」の期間には、家の大掃除をしたり、在宅勤務や遠隔授業のために家を片付けたり、長らくほこりをかぶっていた書籍やCDや記念品などを整理する人がたくさん現われました。ここにも「わたし」と出会う観光への、貴重なヒントがあります。

なぜなら、子どものころくりかえし読んだマンガや絵本、受験勉強とは無関係に愛読した書籍、いつのまにか忘れてしまった音楽や映画などを再び見つけ出し、それらを整理してしまう前に「なぜ好きだったのか」「なぜ保存しておいたのか」を再考し、そうして再び「観る」ことには、次のような「二重の再発見」を期待できるからです。

第一に、再び「観る」ことで、以前よりも深く内容やメッセージを理解できたり、忘れていた記憶を思い出したりできるかもしれません〈内容の再発見〉。

第二に、再び「観る」ことで、かつて好きだったものが退屈に思えたり、逆につまらなかった部分が面白くなるなど、自分自身の変化を発見するかもしれません〈変化の再発見〉。

こうして「ホーム」に残されたものを再び「観る」ことは、「わたし」を形作ってきた〈内容〉と〈変化〉の双方に対する「二重の再発見」を可能にします。それは「どこか」で「だれか」と出会うのとは別に、「ここ」で「わたし」と出会う観光の出発点とすることができます。[1]

タビマエ／タビナカ／タビアトの方法

さらに「わたし」を再び「観る」ための、具体的な方法を考えてみましょう。上述のように好きだった書籍、CD、映画などを手がかりに、それらと出会ったころを想起し、「わたし」をめぐる「二重の再発見」を試みることが一つの方法です。

あるいは卒業した小学校や中学校、通っていた習い事や塾、よく遊んだ公園や広場、思い出のあるお店やバイト先などを再び訪れることで、場所に根ざした記憶を再び「観る」ことも、良い方法になります。もちろん徒歩圏に限らず、もっと遠く

[1] この「二重の再発見」は、本書の1章で論じた二重に「見る」こととしての「観る」のトレーニングになります。ツーリズム・リテラシーを育てるうえで絶好のトレーニングになります。ツーリズム・リテラシーは遠くへ「外出」しなくても、たとえば「ホーム」でも実践できるため、そのトレーニングはここに例示したものの他にも、さまざまな方法が考えられます。

へ行くことが可能としても、ここで重要なのは「行き先」よりも「行き方」です。「どこか」へ「行く」ことよりも「わたし」へ「帰る」こと、つまり外出よりも再帰こそが、観光の〈後半〉のテーマになります[2]。

こうして「わたし」を再び「観る」ための場所や題材を決めたら、その訪問前（タビマエ）／訪問中（タビナカ）／訪問後（タビアト）の三段階に分けて、「行き方」を充実させることができます。そうしたいくつかの例を、次に挙げてみます。

①訪問前（タビマエ）では、卒業アルバム、文集、写真などを再び見ることをはじめ、googleマップなど地図サイトで航空写真を見たり、経路検索で「いつもの道」とは違うルートを知ると、意外な発見につながるかもしれません。またインターネットで公式のホームページや関連するサイトにアクセスする、SNSやレビュー・サイトも参考にする、新聞記事や記念誌を入手できれば事前に読むなどして、現地で「見ること（問い）」を訪問前に考えてリストを作れば、より多くの「二重の再発見」を準備することができます。

②訪問中（タビナカ）では、家から現地までの「行き」と「帰り」で別のルートを通ったり、できるだけよそ見と寄り道をして、さらに「観る」ことに工夫を重ねます。現地に着いたら、まずは一周して記念碑や記念樹や案内板などを見たり、敷地に入れるならば玄関や廊下にある展示物を見学したり、地図サイトで見つけた隣

［2］ タビマエ／タビナカ／タビアトは、旅行会社のマーケティングから生まれたアイデアです。そうした「現場の知」を敬意を込めて研究や教育でも援用することで、観光の産業と学術が交流し、さらに新たな知を紡ぎ出せることを、ここでは目指しています。

接地や気になる周辺地などを訪れたり、近くの図書館の郷土資料コーナーなどを訪れたりするのも一手です。もちろん自分でも写真をたくさん撮り、メモを書き、また資料を集めれば、帰った後でいろいろと活用できます。

③訪問後（タビアト）には、現地の写真やメモをはじめ、タビマエで調べた情報や卒業アルバムなどのコピーや手書きの地図、そしてタビナカで見つけた資料や入手した切符や落ち葉やパンフレットなどをまとめ、スクラップブックを作るのはいかがでしょう。さらにおすすめなのが写真集や本の制作です。いまは数百円から作れるフォトブックのサービスが多数あるため、たとえばタビマエ／タビナカ／タビアトを文章と写真で構成し、「わたし」と出会う観光をきれいな一冊にまとめることもできます。[3]

［3］　本書の3章方法2「表現するツーリズム」を参照。とくに写真集の制作にはさまざまな応用の方法が考えられるため、ぜひ工夫してください。

「わたし」を観る方法

ここで大切にしたいのは訪問後（タビアト）の時間であり、「わたし」をめぐる「二重の再発見」をできるだけ深めていく体験です。このとき「内容の再発見」よりも「変化の再発見」を重視すること、すなわちかつての「わたし」を現在のわたしが再び「観る」ことで気づく変化のプロセスこそに注目し、できればそれを文字や写真で表現することが、「わたし」と出会う観光をさらに充実させていきます。

写真1　「わたし」ツーリズムの写真集

たとえば「いつも」の道とは異なる通学路があった、久しぶりに再訪したら意外に小さかった・大きかった、隣接地に知らない神社や施設があった、などを見つけることができれば面白いですが、それらは第一の「内容の再発見」にとどまります。

そこから当時の「わたし」を現在のわたしがいかに観ることができるのか、いったい何が変ったのか、または変わらなかったのか、などについて思考することで、「わたし」が形作られたプロセスを再考して文章や写真で表現する体験が、第二の「変化の再発見」を実現します。

このように遠くへ外出しなくても、たとえば「ここ」にある学校や公園や施設へ再帰することで、「わたし」をめぐる「二重の再発見」を試みることができます。そうして当然知っていると思っていた「わたし」の知らない一面を再発見したり、見慣れた「ここ」が見慣れない「どこか」に見えることは、それ自体が素晴らしい観光の体験といえるかもしれません。

ただし、観光の〈後半〉に着目し、「わたし」と出会う観光の可能性を十分に実現するためには、ぜひとも大切にしたい一点があります。

起源よりも過程へ

そもそも「わたし」と出会う観光は、まったく新しい観光の様式ではありません。若者のバックパッカーの体験をはじめ、「自分探し」や「自分磨き」のための観光は、以前から行なわれてきました。そして旅の経験は、「行き先」で出会う異文化だけでなく、自文化（母国、地元、自宅など）を見直し、その「良さ」に気づく機会になることも、よく指摘されてきました。

ところが先述のように観光の産業でも研究でも、これまでは観光の〈前半〉ばかりが注目されてきたため、その〈後半〉の価値は指摘されるにとどまるか、「失われた自分」や「本当のわたし」などの起源（ルーツ）を再発見し、そこに自己の同一性（アイデンティティ）を託すなどの、いわゆるロマン主義的な利用に任せるまでした。[4]

こうした「起源（ルーツ）」を再発見する従来の観光の様式は、ときに「自分探し」を求める若者などに魅力的な響きを奏でるようですが、しかし無視できない問題を生じさせます。それは、過去の「わたし」と現在のわたしの間にある「違い」よりも「同じ」を重視し、変化よりも一貫性を好むため、いわば閉じた「わたし」を再発見して同一化する特性を持つことです。それがさらに進むと、排他的でロマン主義的な自己同一性（アイデンティティ）を希求する一方で、変化や「違い」を忌避し、硬直した「起源（ルーツ）」回帰を志向するようになります。

このような「起源（ルーツ）」探しの問題から離脱するため、新たな「わたし」

[4] ロマン主義的な「自分探し」の事例として一九八〇年代のベストセラー、沢木耕太郎『深夜特急』があります。その詳細と特徴については山口誠『ニッポンの海外旅行——若者と観光メディアの五〇年史』（ちくま新書、二〇一〇年）第四章などを参照。

と出会う観光では、過去の「わたし」と現在のわたしの「同じ」よりも「違い」こそに注目し、「わたし」からわたしへといたる「歩み（ルート）」を観ることで、その変化のプロセスを再発見することが期待されます。

そうして「違い」や変化に開かれた自分の「歩み（ルート）」を再び「観る」という体験は、いまのわたしが唯一でも絶対でもなく、過去の「わたし」が歩んできた「ルート」のうえに形作られた一つの社会的な出来事、あるいは選択肢の一つにすぎないことを、実践的に理解することを可能にします。

いいかえれば「わたし」と出会う観光は、自己の同一性ではなく可変性を観る体験です。それは変わらない自己へ原点回帰するための頑《かたく》なに閉じた観光ではなく、その反対に過去の「わたし」たちを再訪して「違い」と変化を再び「観る」ことで、これまでも、そしてこれからも変わり続けるわたしの可変性を理解し、変化に開かれた「わたし」と出会う観光を意味します。

こうして「新たな観光の様式」には、わたしの「起源（ルーツ）」ではなく「歩み（ルート）」を再発見することが期待されます。

写真2　「タビマエ／タビナカ／タビアト」の文章と写真

「ルーツからルートへ」

かつて人類学者のJ・クリフォードは「ルーツ roots からルーツ routes へ」と

思考を転換し、「喪失の語り」よりも「生成の語り」を試みることを提唱しました。これからの観光には、同一的で排他的な「わたし」の「ルーツ（起源）」を探し求める様式ではなく、可変的で多様な「わたし」の「ルート（過程）」を観ることで、わたしという社会的な出来事の生成のプロセスを深く理解して表現するスタイルを探究することができます。[5]

そのとき重要なのは、同一性よりも可変性をめぐる「二重の再発見」であり、「同じ」よりも「違い」を観ることで、排除よりも共生を志向し、同化よりも多様化を楽しむことができる「新たな観光の様式」です。そうして「わたし」の同一性よりも可変性こそを観ることができるようになれば、わたしたちはもっと自由に、そしてさらに変化に開かれた自分自身の可能性を観ることできるようになります。

このような「新たな観光の様式」としての「わたし」と出会う観光、なかでもその中心にある「わたし」の変化をめぐる「二重の再発見」の体験は、ツーリズム・リテラシーのトレーニングとして、絶好の機会となります。そのメカニズムを、次にみてみたいと思います。

「観光の螺旋《らせん》」を作動させる

たとえば、ここでみてきた「わたし」と再び出会う観光は、従来の「どこか」へ

[5] J・クリフォード（毛利嘉孝ほか訳）『ルーツ――二〇世紀後期の旅と翻訳』（月曜社、二〇〇二年）および（太田好信ほか訳）『文化の窮状――二十世紀の民族誌、文学、芸術』（人文書院、二〇〇三年）には、ここで論じた同一性から可変性へ、そしてルーツ（roots）からルーツ（routes）への基盤となる議論が多数おさめられているため、興味がある方はぜひ一度、手にとってみてください。

外出する観光と真逆のスタイルにみえますが、しかしこの二つの観光の様式は対立する関係にはなく、そして一方が他方を消し去るような二律背反の関係にもありません。そもそも両者はツーリズムを構成する〈前半〉と〈後半〉であり、相互に補完すること、そして一方のトレーニングの成果を他方へ援用することで、新たな「観光の螺旋」を高度に作動させることが可能になり、それはさらに優れたツーリズム・リテラシーの実践へと結びつけることができます。

いいかえれば観光の〈後半〉では、「わたし」をめぐる「二重の再発見」が求められ、「起源（ルーツ）」よりも「歩み（ルート）」を観る体験が望まれますが、それは外出して「だれか」と出会う観光の〈前半〉にも援用できます。

そうして「わたし」を深く観るリテラシーは、さまざまな他者を、そして世界を観るときにも役立ちます。同じようにタビマエ／タビナカ／タビアトの区分と連携や、タビアトで重視される「二重の再発見」とその表現の方法なども、観光の〈後半〉と〈前半〉で共有できます。[6]

「生きる様式」としての観光

このような「わたし」ツーリズムの実践は、わたし個人だけの水準にとどまらず、観光そのものを新たに変化させていくことができます。たとえば「わたし」だ

〔6〕ツーリズム・リテラシーが重視する「観る」ことのトレーニングにおいて、わたしの変化（ルート）とその可変性をみることで「二重の再発見」を試みる「わたし」ツーリズムは特有の価値を持っています。このとき「わたし」ツーリズムが「新たな観光の様式」そのものではなく、前者によって育成されたツーリズム・リテラシーが多種多様な「新たな観光の様式」を実現していくはずであり、観光の〈後半〉の成果は次の海外旅行や国内観光で他者とその文化と出会う〈前半〉にも応用される、と考えられます。

けでなく「だれか」を、そして「ホーム」だけでなく世界を可変的で開かれたものとして「観る」スタイルが広まり、高度なツーリズム・リテラシーを実践する人びとが増えていけば、よりよい観光が広がっていき、その結果としてよりよい世界を創り出していくことへとつなげることができます。そうして「わたし」の歩き方は、「観光の螺旋」を好循環させる方法となり、それは「わたし」と世界の「観え方」を変えるツーリズム・リテラシーの実践を、さらに高度に可能にします。

もちろん「新たな観光の様式」は唯一でも絶対でもなく、ここにみた「わたし」ツーリズムは一つの方法にすぎませんが、しかしそれは観光にとどまらず、新たな時代を生きるわたしたちのスタイルの一つとして、大切に育てていくことができます。

観光の〈前半〉だけでなく、その〈後半〉も楽しむことから得られるものは未知数であり、その方法も未完成です。それゆえ「新たな観光の様式」には、従来の観光とは異なる「新たな楽しみ」が待っていると考えられます。わたしたちは観光を通じて、新たな時代に適した新たな「生きる様式」を創り出すことができるはずです。〈山〉

紹介地　「わたし」の場所（ホーム）

「わたし」と出会う観光の実践には、場所や題材の選定が重要です。とくにタビアトで写真集などを制作し、体験の表現まで挑戦できるならば、遠くの土地や有名な場所よりも「わたし」にとって大切な記憶が刻まれた、何度でも再訪できる近隣の場所を選ぶことで、「行き先」よりも「行き方」の工夫がさらに可能になると考えられます。

フィールド[2]

テーマパーク「小江戸川越」ができるまで

紹介地　「小江戸川越」の町並み（埼玉県）

テーマパークとしての町並み保存地区

東京ディズニーランド（ＴＤＬ）にユニバーサル・スタジオ・ジャパン（ＵＳＪ）…日本では、テーマパークが大人気です。ひとたび園内に入れば非日常の空間が広がっており、来訪者は普段の生活を忘れその世界に魅了されます。頭にカチューシャをつけ、キャラクターをモチーフにしたお手製の衣装を身にまといテーマパークの世界観に没入する来訪者も少なくありません。しかし日本各地には、入場料を支払わなくてもそんな経験ができる場所があります。それが伝統的な町並み保存地区です。[1]

日本各地には昔の面影を残す伝統的な町並みを保存した場所が多数存在し、現在観光地としてにぎわっています。なかには岐阜県白川郷のように、世界遺産に登録

[1]　歴史的な町並みや集落景観の保護のため、文化庁では一九七五年に伝統的建造物群保存地区制度を制定しました。二〇一九年末までに全国で一〇〇市町村の一二〇地区が「重要伝統的建造物群保存地区」に選定されています。

されている場所もあります。それらを「伝統文化」をテーマにしたテーマパークとしてとらえてみると、観光客はもちろん、観光事業者や行政の活動によって一つの観光地が形成される過程が浮かび上がってきます。そこでここでは、国の重要伝統的建造物群保存地区にも選定されている埼玉県川越市を事例に考えてみたいと思います。

ベッドタウン・埼玉県川越市と観光地「小江戸川越」

埼玉県川越市は、東京から三〇キロ圏内、埼玉県の西部、武蔵野台地の東北端に位置するベッドタウンです。JRと私鉄二路線によって池袋、新宿、渋谷などのターミナル駅と結ばれており、都内の職場へ通う人が数多く暮らしています。昭和三〇年に一〇万人ほどだった川越市の人口は、昭和四〇年代以降急増し、平成に入ると三〇万人を超えました。

川越は、戦国時代に築城の名手太田道灌《どうかん》によってつくられた川越城の周りに江戸時代以降、城下町が形成されました。[2] また周辺には、新田開発によって開かれた農村が点在しています。雑木林が広がる農村風景は、隣接する所沢市がモデルともされる映画『となりのトトロ』に描かれた世界とも重なります。埼玉県はどちらかというと「観光」のイメージが薄いかもしれませんが、川越は県を代表する観光地と

[2] 川越城は、太田道灌がその後築城した江戸城のモデルともされており、現在は幕末に建設された本丸御殿が現存しています。

してガイドブックやテレビ番組などで取り上げられ、なかでも城下町とした栄えた旧市街の蔵造りの町並みは、江戸の風情を今に残す「小江戸」として広く全国に紹介されています。

　しかし観光で訪れた人びとは、川越駅を降りると少し驚くかもしれません。駅周辺には「ルミネ」や「アトレ」などの複合商業施設や、チェーン店が立ち並ぶ商店街「クレアモール」があり、学校帰りの高校生や地元の買い物客で賑わっており、観光地らしくありません。というのも、江戸時代に城下町として栄えた川越は、明治時代以降に鉄道が敷設された際、市街地から少し離れたところに駅が設置されました。そのため駅周辺は、典型的な郊外のベッドタウンの街とそれほど変わりがないのです。

　川越駅からバスで一〇分、徒歩で三〇分ほど。観光客のお目当ての場所である一番街に到着すると、周囲の景観は一変します。ここは、かつて江戸の町で流行した重厚な土蔵造りの建物が立ち並ぶ川越観光を代表する人気スポットです。駅前の景観とはまったく異なり、まるでタイムスリップしたかのような気分を味わえるでしょう。通りの中ほどには、川越のシンボル「時の鐘」があります。近くには、昔懐かしい駄菓子屋が軒を連ねる「菓子屋横丁」やレトロな建物が並ぶ「大正浪漫夢通り」があるほか、江戸幕府初期に権勢をふるった天海僧正ゆかりの喜多院や、恋愛

写真1　一番街の蔵造りの町並み

パワースポットとして人気の川越氷川神社もあります。一番街を中心にこれらのエリアを散策するのが川越観光の定番になっています。また、毎年一〇月の第三土曜日・日曜日に行われる川越祭りは、ユネスコ「無形文化遺産」にも登録され、多くの人びとでにぎわっています。

川越には、春と秋の観光シーズンだけでなく、ほぼ毎週末多くの観光客が訪れています。一番街周辺では人力車が客待ちをし、周囲には「小江戸」らしい和雑貨やせんべいその他、観光客向けのみやげ店が軒を連ねます。観光客はそこで江戸情緒を堪能し、まさにテーマパークさながらに着物や浴衣に着替えて街を散策し、SNSにアップする写真を撮って楽しんでいるのです。

観光地「小江戸川越」の誕生

ところで、川越観光の中心である一番街の蔵造りの町並みは、どのような経緯で成立したのでしょうか。

江戸時代の川越は、江戸北方の要所として重要視され、柳沢吉保や酒井忠勝、松平信綱など老中や大老を務めた幕府の重臣が川越藩主を任ぜられてきました。新河岸川の舟運によって結ばれており、経済面でも江戸とのかかわりは緊密で、城下町には豪商が軒を連ね活気にあふれていたといいます。

写真2　時の鐘

明治以降も川越は周辺地域の中心都市として繁栄し、一九二二（大正一一）年には埼玉県下で初めて市制を施行しています。ところが一八九三（明治二六）年、川越の街を揺るがす大事件、旧市街の三分の一を焼失する川越大火が起こります。当時の商家は、ほとんどが木造でした。そのため、栄華を誇った豪商たちの店や蔵は灰燼《かいじん》に帰すこととなってしまったのです。そのなかで、城下町の中心にありながらも一軒だけ火事の被害から難を逃れた家がありました。その家は、江戸の町で流行していた耐火建築である土蔵造りをいち早く取り入れていたため、無事でした。これが、現在国指定重要文化財に指定されている大沢家住宅です。この川越大火こそが蔵造りの町並み誕生のきっかけです。大火後、復興を目指す川越の商人たちが、大沢家住宅に倣って耐火性に優れた土蔵造りを取り入れた結果、蔵造りの町並みが出来上がったのです。ちなみに、本家江戸の蔵造りの町並みは、明治時代以降洋風建築へと建て直されていったため、現在は残されていません。

しかし、商人たちでにぎわった一番街周辺も、戦後の高度経済成長期には、衰退していきます。ベッドタウン川越に移り住んできた人びとの多くは、通勤に便利な駅周辺に集まり、休日はロードサイドの大型量販店に家族で出かけます。その結果旧市街は、忘れられた場所のようになってしまったのです。商家の中には、古臭い土蔵造りを隠すためにトタンで軒先を覆い、さらには生活に不便な蔵を壊して建て

写真３　大沢家住宅

直す家も見られるようになりました。

一方で昭和四〇年代後半、転機が訪れます。国や大学の研究者の働きかけにより、蔵造りの町並みの保存へ向けた動きが開始されたのです。その結果、一部の建物が市の文化財に指定され、昭和五〇年代後半以降は、保存に取り組む市民団体「川越蔵の会」が設立されました。とはいえ、駅から多少遠いものの、川越は人口の流入が著しいベッドタウンです。一番街周辺に高層マンションが建設されるなど、町並み保存の運動は必ずしもスムーズには進みませんでした。また、町並み保存運動自体は観光のためのものではありません。川越市も、人口が増加し商工業振興も順調であったため、平成に入るまで観光客誘致にはそれほど積極的な取り組みを行ってはいませんでした。

川越が観光地として有名になったのは、一九八九（平成元）年に放映されたNHK大河ドラマ「春日局《かすがのつぼね》」がきっかけです。徳川三代将軍家光の乳母であった春日局は、喜多院の天海と関係が深く、家光誕生の間や春日局化粧の間があった江戸城紅葉山別殿が川越に移築されていました。そこで川越市では大河ドラマ放映をきっかけに、観光キャンペーンなどを本格的に行なうようになったのです[3]。

それ以降川越には、多くの観光客が訪れることとなりました。川越市も観光地としての整備を本格化させます。なかでも力を入れたのが、一番街周辺の景観整備で

[3] 川越市の統計資料によれば、一九八九（平成元）年の観光客数は約三四〇万人で前年よりも約一〇〇万人増加しました。一年間で四〇パーセント以上、一〇〇万人以上増加したのは二〇二〇年に至るまでこの年だけです。

す。蔵造りの町並みを美しく見せるために、電柱を撤去して電線を地中化し、周辺の景観を規制する条例を制定します。町並みに面した建物の外観は、新しく建てられたものであっても蔵造りの町並みとマッチするよう行政がデザインを指導し、改修費用も一部負担しています。また周辺の道路を石畳にしたり、看板や自動販売機なども落ち着いた色合いになっています。チェーン店でも、町並みに合わせて入り口に和風の暖簾《のれん》が下げられているところもあります。

　景観だけではありません。市では、川越祭りを紹介する博物館を一番街にオープンさせ、まち歩きをする観光客向けには、トイレや休憩所が整備されました。また、観光案内の看板設置や観光マップの配布、ガイドの育成も行なっています。こうして、大河ドラマをきっかけとした観光地「小江戸川越」が誕生したのです。統計では、昭和後期には二〇〇万人台だった観光客数が、二〇一〇（平成二二）年以降は、毎年六〇〇万人を超えています。二〇一九（令和元）年の観光客数は約七七五万人でした。[4]

　さて、観光地「小江戸川越」の魅力の中心となっている蔵造りの伝統的な町並みですが、ここまでの経緯をみて、少し不思議に思う方もいるかもしれません。というのも、「小江戸」といいつつ、その象徴である蔵造りの町並みが成立したのは、明治中期以降です。また、現在の町並みは、当時からそのまま保存されてきたわけ

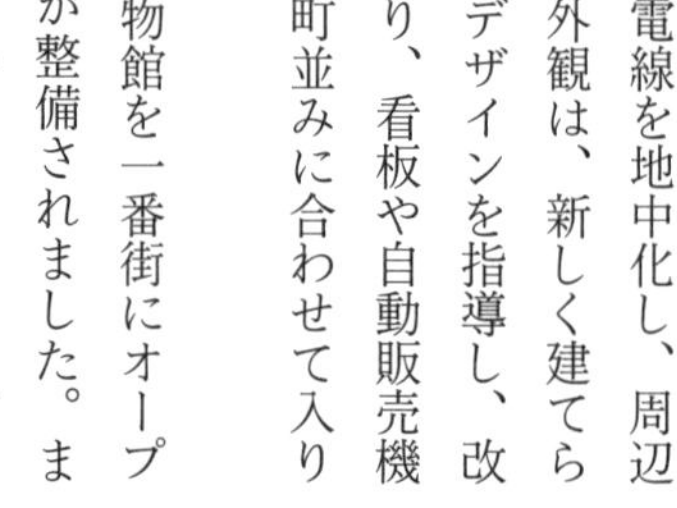

写真4　暖簾がかかった宅配便業者の店舗

[4]　ただし、川越市の観光客数は市内の博物館などの入場者数や川越祭りなどのイベント参加者の推計値を合算しているため、多くの川越市民も含まれており、実際の観光客数はより少数だと考えられます。

ではなく、中心市街地の移動とともに衰退した一番街周辺で町並み保存活動が行なわれ、観光客の来訪とともに景観整備が行なわれた結果、創り出されたものだからです。

観光地川越は、われわれが伝統文化と観光の関係を考えるうえで、いくつかの示唆を与えてくれます。「観光化」という言葉がしばしば否定的な意味合いで使われるように、伝統文化と観光は相反するものとして語られることがあります。また伝統文化という言葉は、長い年月を経て変わらず受け継がれてきたものという印象を強く持たせるかもしれません。

しかし現在美しく整えられた川越の蔵造りの町並みは、江戸時代から不変の存在であったわけではありません。むしろ明治以降に川越の街が経験してきたさまざまな社会的・経済的変化のなかで、紆余曲折を経ながらそこに暮らす人びとによって担われ、かたちづくられてきたものです。いわば蔵造りの町並みという伝統文化は、観光をはじめとした社会的な文脈の変化の中で常に再構築され続けてきたものといえるのです[5]。その意味で「小江戸」という言葉は、明治時代にかたちづくられ、平成になって再発見された町並みの現在を反映したキャッチコピー、ないしまさにこの場所のテーマとなっているといえるでしょう。

[5] 同様の過程は国内外問わず多数存在しています。山下晋司はインドネシア・バリの民俗芸能を事例に伝統文化の再構築／再創造を論じています。山下晋司『バリ 観光人類学のレッスン』東京大学出版会、一九九九年。

テーマパークという舞台ができるまで

改めて、ここまで紹介してきた観光地「小江戸川越」の形成過程を振り返ってみると、観光地という場所が自明に存在しているわけではなく、ある意味「創られた」場所であることに気づかされます。

町並み保存地区はテーマパークである、と冒頭に述べました。伝統的な町並みの保存は、テーマパークの空間設計と非常によく似ています。ＴＤＬでは、「夢と魔法の王国」の非日常を演出する方法の一つとして、特定のテーマのもとに物理的環境を統一し、外部から遮断された空間が創り出されています。園外の景色が見えないように工夫され、たとえばウエスタン・ランドのエリアであれば、アメリカ西部の開拓時代というテーマに合わせて再現された建物が立ち並び、ごみ箱ですら木目調になっています。川越も町並み保存運動を経て観光地となる過程で、「小江戸」にふさわしい空間設計が行なわれてきました。蔵造りと適合するよう条例によって景観は規制され、落ち着いた色合いの和風建築で統一されているのはもちろん、郵便ポストも赤ではなく黒色、街を走る観光客向け路線バスもボンネットのレトロバスです。このようなテーマパーク的な場所やサービスの演出方法をアラン・ブライマンは、まさにテーマパークになぞらえて「ディズニー化」と表現しています。[6]

また空間をテーマ化するだけでなく、ＴＤＬは、園内のあらゆるものがテーマ化

写真5　観光スポットを巡回するボンネットバス

［6］　アラン・ブライマン『ディズニー化する社会――文化・消費・労働とグローバリゼーション』能登路雅子監訳、明石書店、二〇〇八年。

されたショーの一部を構成していると考え、スタッフはその舞台にゲストを迎えるキャストと呼ばれていることでも有名です。テーマパークは、各種アトラクションの集合体である遊園地ではなく、一つの劇舞台なのです。そこでテーマパーク「小江戸川越」もまた、観光客が主役を演じる舞台劇になぞらえて分析してみることも可能でしょう。

すなわち、保存活動を経て「小江戸」というテーマのもと景観整備がなされた蔵造りの町並みをはじめとした物理的環境は、大型の舞台装置といえます。訪れた観光客は、メディアが提供する想像上の「江戸時代」をめぐる筋書きに従って時代劇「小江戸川越観光」の主役を演じます。ガイドブックやSNS、ウェブサイトの情報はいわば台本で、ガイドや旅行会社は演技を指導する演出家でしょうか。さらに、人力車や着物レンタル店、みやげ店などは観光客の演技をより盛り立てるための小道具を提供してくれます。着物を着て人力車に乗って、菓子屋横丁で買ったさつまいもソフト片手に一番街を食べ歩き、時の鐘の前でSNSにアップする写真を撮れば、物語はまさにクライマックスを迎えます。もちろん、テーマパークとしての「小江戸」の完成度が高まれば高まるほど、訪れた観光客の演技はより溌剌《はつらつ》としたものとなるでしょう。

そして電線地中化や周辺道路の整備、建物の文化財指定、観光案内所や博物館な

写真6　着物姿で写真を撮る観光客

どの施設整備を行なった行政、さらに保存活動にかかわった地域の住民は、この舞台劇を支えるスタッフたちであり、この活動に協力した専門家たちは芸術監督です。なかでも、テーマパーク「小江戸川越」の誕生において、大河ドラマによる注目をきっかけに「町並み保存」と「観光地づくり」を結びつける政策を推進した、劇舞台の総合プロデューサーである川越市が果たした役割はきわめて重要です。観光地というテーマ化された舞台は、行政の観光政策をはじめ、観光産業や観光客などさまざまな立場の人びととの活動によって創り出されるものなのです。

総合プロデューサーの役割は、テーマパークの完成後も続きます。ハイシーズンともなれば、一番街周辺は観光客で埋め尽くされ、周辺道路は大渋滞となります。ガイドブックと同じ角度で町並みを撮影するために道路に飛び出す人、民家の敷地に入り込む人もいます。そもそも、観光客向けの整備が地元の人の利便につながるとは限りません。川越では、まさにオーバーツーリズムの問題が発生しているのです。[7] それらへの対策として川越市では、案内看板の増設や、休日は一番街を歩行者天国とすることも度々検討しています。

また、有料入場施設であるテーマパークとは違い、町並み保存地区で暮らす人びとは、ディズニーランドのキャストではなく、観光客への「おもてなし」を仕事にしているわけではありません。生活の場としては少し暮らしにくくなった川越を訪

写真7　観光客であふれる一番街

[7]　オーバーツーリズムとは、訪れる大量の観光客によってその地域に暮らす人びととの生活が脅かされるような状況のことで、二〇一〇年代後半から注目されています。二〇一八年には国連世界観光機関（UNWTO）がオーバーツーリズムへの対策をまとめた報告書を発行しています。

れる観光客に、住民は心からのホスピタリティを提供できるでしょうか。そもそも人びとは、観光事業にかかわっていなくても、「おもてなし」をしなければならないのでしょうか。観光政策は、観光地という舞台を魅力的に演出するためだけではなく、各事業者の利害を調整しながら、観光に直接かかわらない市民の利益も視野に入れて行なわれる必要があります。

さてこの章では、埼玉県川越市を事例に、町並み保存地区をテーマパークに見立てつつ、そこでの観光と伝統文化の関係、そしてひとつの観光地が成立するプロセスについて論じてきました。日本全国には川越と同じように伝統的な町並みが保存され観光客でにぎわう地域が多数存在しています。もしそのような場所を訪れる機会があったら、テーマパークのような観光地が自明に存在してきたのではなく、行政の観光政策や各観光事業者などさまざまな媒介者の活動によって、観光地という舞台が形成されてきた過程を読み解くのも一つの楽しみになるかもしれません。〔鈴〕

紹介地　小江戸川越の町並み（埼玉県・川越市）

アクセス　JR川越線・東武東上線「川越駅」徒歩30分、西武新宿線「本川越駅」徒歩15分。
住所　〒350-0062　埼玉県川越市元町1-15-8（小江戸川越観光協会）
電話　049-277-8233（同上）

都心から1時間で、江戸の風情を伝える一番街の蔵造りの町並みにタイムスリップ。懐かしの駄菓子店が軒を連ねる菓子屋横丁、徳川三代将軍家光や春日局ゆかりの喜多院なども人気です。

フィールド3

現代アートとツーリズム

紹介地　直島（香川県）

現代アートの「民俗的転回」

近年、現代アートを求めてさまざまな地域を訪ね歩く「アート・ツーリズム」と呼ばれる観光形態が盛んになってきています。こうした新たな観光形態が生まれた背景には、越後妻有《つまり》アートトリエンナーレ（大地の芸術祭）や瀬戸内国際芸術祭など、地方の農山村や離島などで開催される芸術祭が二〇〇〇年代以降活発に行なわれるようになったことが影響しています[1]。従来、都市部を中心に開催されていた国際的な芸術祭が地方で行なわれるようになることで、新たな人の移動が喚起されたのです。

しかし、これらのアート・プロジェクトは、単に都市から地方へと開催地が移動しただけでなく、現代アートの意味づけや性格自体の変容を促しました。むしろ、

［1］ 地方を舞台にした芸術祭が広まった背景については、以下の文献を参照。宮本結佳『アートと地域づくりの社会学――直島・大島・越後妻有にみる記憶と創造』昭和堂、二〇一八年。

地方のアート・プロジェクトを通じて刷新・変容した現代アートのあり方こそが、アート・ツーリズムの隆盛を生み出してきたともいえるでしょう。

この新たな現代アートの動向のことを、美術評論家の福住廉《ふくずみれん》は「民俗的転回(folkloric turn)」と呼んでいます[2]。ここでいう「民俗的転回」とは、現代美術の重心が、造形的に洗練された美しさを求めるものから、各地の土着的な民俗文化を求めるものへ変化してきた状況を指しています。地方を舞台にした芸術祭でも、空き家そのものを作品化したり、廃校となった学校を作品の舞台とするなど、地域の歴史や風土を作品コンセプトに取り込んだ「サイトスペシフィック・ワーク」と呼ばれる作品が多数制作されてきました。

そして、現代アートの「民俗的転回」は、「リレーショナル・アート」の隆盛という状況も促しました。地方の芸術祭などでは、アーティストが単独で作品を制作するのではなく、地域住民やボランティアなどと協働で制作するものが増えてきています。さらに、アーティストのなかには、現地に長期間滞在し、地元の生活文化などを学びながら作品の構想を練っていく人もいます。こうして、作品制作の過程にさまざまなアクターが参与し、そこから生まれる「共同性」が作品の重要な構成要素となっていったのです。

以上、アート・ツーリズムを生み出すきっかけとなった現代アートの新たな動向

[2] 福住廉「民俗的転回」『美術手帖』六九巻一〇六二号、二〇一七年。

について説明してきましたが、そこには、以下に述べるような現代アートがもっているある種の可能性をみてとることができます。

まず第一に、新たな視点を生み出す媒体としての可能性です。日常の慣れ親しんだ風景であっても、視点が変われば違ったものに映ります。サイト・スペシフィックなアートは、これまで見過ごしてきた地域の潜在的な文化資源などが再発見されるなど、様々な「気づき」を地域住民や観光客に与えるきっかけになりうるのです。

そして第二に、現代アートを通じて新たなコミュニケーションの回路や人々の関係性が生まれるという点です。地方の農山村や離島における現代アートをめぐっては、アーティストや観光客、ボランティアなど多種多様な人々のモビリティ（移動）が生まれ、さらには受け皿となる地域コミュニティの人びととの出会い・交流といった、新たな社会関係が生起していきます。

以上のような可能性を有する「民俗的転回」後の現代アートは、近年、地域づくりの手段としても高く注目されています。「地域アート」[3]と呼ばれる特定の地域名が冠された芸術祭が日本各地で活発に行われるようになった背景には、こうした思惑が行政サイドにもあるからでしょう。ただし、地域づくりと結びついた現代アートの動向には、いくつかの批判的検討もなされています。たとえば、観光社会学者の須藤廣は、サイト・スペシフィックな作品が、結果として都市がつくりだした

[3] 藤田直哉編『地域アート——美学／制度／日本』堀之内出版、二〇一六年。

「田舎」というイメージの枠に取り込まれてしまっているという点を指摘していま す。すなわち、地方を舞台にしたアート・ツーリズムは、結局のところ、都市住民による「田舎」の新たな消費手段ではないかという問題を提起しているのです。さらに須藤は、地域活性化と結びつくことで現代アートが本来有しているはずの反商業主義や批評性が後退し、地方が抱える複雑な問題をかえって隠蔽することにつながるのではといった危惧も述べています。[4]

現代アートが、地域づくりの手段として安易に用いられる昨今の状況を相対化するうえでは、須藤の指摘は重要な論点を含んでいます。しかし、アート・ツーリズムをめぐっては、いまだ十分な研究がなされているとは言えません。それゆえ、まずは個別の事例研究を蓄積していくことが重要です。そこで以下では、瀬戸内国際芸術祭の舞台としても知られる香川県・直島の事例を紹介したいと思います。

[4] 須藤廣「観光者のパフォーマンスが現代芸術と出会うとき——アートツーリズムを中心に、参加型観光における「参加」の意味を問う」『観光学評論』五巻一号、二〇一七年。

直島におけるアート・ツーリズム

瀬戸内国際芸術祭が最初に開催されたのは二〇一〇年のことですが、直島と現代アートのかかわりはそれより二〇年以上前にさかのぼります。一九八八年、当時の直島町長と直島開発のビジョンを共有した福武書店（現ベネッセコーポレーション。以下、ベネッセ）が「直島文化村構想」を打ち出し、その一環として安藤忠雄監修の「直島国際キャンプ場」や美術館とホテルが一体となった「ベネッセ・ハウス」を島南部に開発したのです。以降、ベネッセは直島におけるアート・ツーリズムを牽引する主要なアクターとなってきました。ただし、この時期はまだ、現代アートと地域住民のかかわりはそれほど強いものではありませんでした。

直島において、現代アートの「民俗的転回」が一気に進むきっかけとなったのは、一九九七年に開始された「家プロジェクト」と呼ばれる取り組みです。

従来のアート活動が、住民の生活圏とは離れた場所で行なわれてきたのに対し、この「家プロジェクト」は、島の生活や行政の中心的な地区である本村《ほんむら》地区を舞台に行なわれました。本村は築一〇〇年を越す焼杉板の家屋が立ち並ぶ集落であり、その集落内にある空き家や神社、寺の跡地などをアート空間として再生したのが「家プロジェクト」です。「在るものを活かして、無いものをつくる」というコンセプトのもと、サイト・スペシフィックな作品を次々と制作していきました。二〇二〇年現在、七点が常設で公開されていますが、その嚆矢《こうし》となったのが一九九八年に制作された「角屋」という作品です。

「角屋」は、ベネッセが購入した築二〇〇年を超すと空き家を、芸術家の宮島達男がアート作品として再生したものです。その薄暗い家屋の中に入ると、水を張ったプール状のスペースに、さまざまな速度で一から九までの数字を刻む三色のＬＥ

写真1　「角屋」の外観

Dデジタルカウンターが多数置かれています。じつは、このデジタルカウンターのスピード設定に参加したのが、近隣の住民たちなのです。子どもから老人まで一二五名もの住民が参加し、各々好きなスピードを設定しました。宮島は、各々のデジタルカウンターがどこに配置されるのかを記入した証明書も発行して、住民たちに渡すといったこともしました。

こうした地域住民との協働によって制作された「角屋」という作品がきっかけとなり、当初はよそよそしい存在であった現代アートが地域住民にとっても身近な存在になっていったといいます。実際、このプロジェクトに関わった住民の一人は「自分が死んでも墓には来なくて良いけど、ここには来て欲しい」と語ったそうです。また、筆者を案内してくれた島民の方も、制作時のエピソードなどを熱心に話してくれ、現代アートの制作に参与した経験がささやかな自信と誇りとなっていることが窺えました。

さらに、この家プロジェクトをきっかけに本村地区を訪れる観光客が増えると、手入れの行き届いた古民家の庭を外からでも見られるようにあえて門戸を開放したり、島の老人が観光客を案内し、それが生きがいになるなど、住民自身にさまざまな変化が生まれていったといいます。二〇一六年までは、住民有志によって構成された「直島町観光ボランティア・ガイドの会」のメンバーが、地域住民の視点から

「家プロジェクト」を案内するといった活動も行なわれていました（メンバーの高齢化により、現在は休止中）。

ライフスタイル移住と「創造階級」

また、近年直島には、古民家をリノベーションしたセンスの良いゲストハウスやカフェが目立つようになってきています。直島を紹介した出版物のなかには、島の「カフェ文化」について言及しているものもあります。

直島で起業する人の中には、他地域から移住してきたIターンも少なくありません。社会学者のE・コーエンは、ツーリストの志向をいくつかのタイプに分けてそれぞれの特性を考察していますが、直島で新たなビジネスを始める移住者は、コーエンがいう「実存モード」の旅行者（traveller）と呼ぶこともできるかもしれません。[5]

一般的に観光旅行とは、自己の世界の「中心」からその周辺部分、すなわち他者の文化や社会の「中心」への移動と考えられます。たとえば、都市に住む人びとが、癒しを求めて自然が豊かな地域に出かけるといったことを想定してみてください。こうした人の移動は、コーエンの指摘を踏まえれば、都市という自己の世界の「中心」から、農村という他者の世界の「中心」への移動ということができるでしょう。しかし、一般的なツーリストは、いったん他者の世界の「中心」に移動して

[5] コーエン・E「観光経験の現象学」遠藤英樹訳、『奈良県立商科大学研究季報』九巻一号、一九九八年。
コーエンは、同論文のなかで、観光経験を「レクリエーション」「気晴らし」「経験」「体験」「実存」という5つのモードに分類しています。これらのモードは、他者の文化や社会の「中心」への希求の度合いによって区別され、そのなかでも「実存」モードは、その度合いが最も高いものとされています。

も、休暇が終われば再び自己の世界の「中心」に戻ってきます。それに対して、コーエンのいう「実存モード」の旅行者とは、みずから選び取った「中心」、すなわち自分が生まれ育った社会とは異なる場所の「中心」に完全にコミットし、そこから新たな生を始めようとする人々のことを指しています。

直島に移住してきた人びとの多くは、観光旅行で直島訪れて、その「魅力」に惹かれて移住を決意した人びとです。その意味で、直島という他者の世界の「中心」にコミットすることを選択した「実存モード」の（元）旅行者といえます。

従来、移住というと、経済的苦境や政治的的要因によるものが大半を占めていました。もちろん、今日でもこの種の「経済移民」や「政治移民（難民）」は大きな社会現象の一つですが、近年、都市の中間層による地方への移住も増加傾向にあります。この傾向は、日本では、とくに二〇一一年の東日本大震災後に加速化していきました。外部の大きなシステムに過度に依存した暮らしに対するアンチテーゼとして、農山漁村での暮らしに関心を抱く若い世代が増加したのです。このような、理想的なライフスタイルを求めて地方へ移住するような現象は、「ライフスタイル移住」などとも呼ばれています。[6] ちなみに、都市化した生活の再考という観点から言えば、新型コロナウィルス（COVID-19）のパンデミックも同様の状況を生んでおり、若者の地方への移住といった動きは今後さらに高まっていくかもしれません。

［6］ 長友淳「ライフスタイル移住の概念と先行研究の動向──移住研究における理論的動向および日本人移民研究の文脈を通して」『国際学研究』四巻一号、二〇一五年。

いずれにせよ、こうした移住のきっかけは、観光旅行であることが多いです。観光旅行で訪れ、リピーターになる中で移住を決断することもあれば、移住者受け入れに積極的な地域の中には、移住希望者向けの観光プログラムを用意しているところもあります。それゆえ、「ライフスタイル移住」という現象は、観光現象と連続性をもったものとして考えていく必要があるでしょう。

モビリティと地域コミュニティの再編

また、こうした移住者の存在が媒介となって、地域コミュニティが新たに再編・刷新されていくこともあります。とくに直島の移住者の中には、「創造階級(creative class)[7]」に属する人たちが多いという特徴があります。ここでいう創造階級とは、建築やデザイン、アート、音楽、娯楽といったクリエイティビティが重視される職種に就いている人びとのこと指します。前述の直島の「カフェ文化」をつくりだしてきたのも、こうした志向やノウハウをもった人びとといえます。現代アートを通じた地域再生に長年取り組んできた直島という場所のポテンシャルが、創造階級に属する人びとの移住を促しているのです。

さらに、こうした移住者の創造性がきっかけとなり、島で新たな取り組みが行なわれるようになるケースもあります。一例として、直島で築一二〇年の空き家をリ

[7] フロリダ・R『クリエイティブ・クラスの世紀――新時代の国・都市・人材の条件』井口典夫訳、ダイヤモンド社、二〇〇七年。

写真2 Aさんのゲストハウス兼カフェ。築一二〇年の建物をリノベーションした。

ノベーションしたゲストハウスとカフェを経営する移住者の方（以下、Aさん）を紹介したいと思います。Aさんはもともと、東京で建築を学んだのち、都内を拠点に空き家等のリノベーションにかかわる仕事をしていました。つまり、これまでの経験で培ってきた技術やノウハウを生かして、移住先である直島で新たな事業を展開していったわけです。

しかし、Aさんの島での活動は、それだけにとどまりません。Aさん自身が直島への移住を本格的に考えるなかで、直島には空き家が相当あるものの、行政にはその問題解決について明確なビジョンがないということが分かってきました。そこでAさんは、行政等にかけ合い、空き家バンクを制度化するとともに、移住者支援のウェブサイトの作成やワークショップを開くなどの取り組みを始めていきます。

たとえば、次に紹介するBさん夫妻は、この制度を利用して二〇一六年に直島に移住した若いご夫婦です。島には不動産屋がなかったこともあり、人脈のない島外者にとって物件探しのハードルは高いです。Bさん自身も半年ほどかけて探したものの、なかなか良い物件が見つからなかったそうです。しかし、ちょうどBさんが物件探しをしている時に空き家バンクがスタートしたおかげで、希望の条件に合った物件を入手することができました。

Bさん夫妻は、二人とも美術系の大学を卒業しており、しばらくは東京でテレビ

写真3　Bさん夫妻のB&B兼カフェ

局の美術スタッフとして働いていました。移住後は、美術スタッフの仕事で培ったノウハウや人脈を生かして、デザインにこだわった一日二組限定のB&Bとカフェを経営しています。家具やインテリアには、二人のセンスやこだわりが随所にみられますし、カフェで出されるコーヒーもさまざまな地域・種類の豆を自家焙煎した本格的なものです。

以上を踏まえると、空き家バンクの制度化に尽力したAさんの創造的な諸実践は、コミュニティに新たなモビリティの経路とネットワークをつくりだしたといえます。

このような新しい取り組みは、Iターンの人たちに限られるものではありません。たとえば、直島出身で三年ほど前から自家焙煎のコーヒーを提供するカフェを経営するCさんは、いわゆる「Uターン」です。高校卒業後は、島に戻らず、質の高いデニムの生産で有名な岡山県・児島でデニムの生産や販売に携わっていました。しかし、観光化が進む直島の状況に触発されて、空き家になっていたお祖父さんの家を利用した新しいビジネスを始めることを決意したそうです。店内には、児島で生産されたデニムを使った手づくりの雑貨とともに、瀬戸内関連の新刊本や古本も売られています。

Iターンの存在は、島に刺激や活気を与えるとともに、「創造階級」に属する旧

写真4 手づくりのデニム雑貨などが売られるCさんのカフェ

[8] 鈴木謙介「テーマ化される消費都市」『思想地図β』一号、二〇一一年。

住民の帰還（Uターン）を生み出すことにもつながっているのです。さらに近年では、新旧住民の若い世代が集まって、島の将来などについて話し合う「直島塾」と呼ばれる取り組みも始まっています。

以上のようにアート・ツーリズムは、アーティストやツーリスト、移住者などさまざまなモビリティを生み、それによって新たな社会関係が生起し、地域コミュニティがさまざまなかたちで再編・刷新されていきます。アートが媒介となって生じる多様なモビリティと社会変化を、具体的な事例に即して丹念に考察していくことは、この新たな観光形態の可能性を理解するうえで重要な視点といえるでしょう。

ただし、地域コミュニティはけっして一枚岩ではありません。社会学者の鈴木謙介は、都市開発のコンセプトに「共感」できるか否かで、地域住民の包摂と排除が生まれていく傾向があることを指摘し、それを「共感都市」と呼びました[8]。このように地域コミュニティを重層的にとらえる複眼的な視点は、地域づくりの現状を理解する際には不可欠な視点といえます。〔須〕

紹介地　　直島町観光協会　（香川県・直島）

アクセス　直島宮ノ浦港内。
住所　〒761-3110　香川県香川郡直島町2249-40
電話　087-892-2299

島の西側にある宮ノ浦地区は、高松港や宇野港からの船が発着する島の玄関口です。宮ノ浦港内にある直島町観光協会では、島内のアートプロジェクトをはじめ、さまざまな情報を入手できるので、最初に立ち寄ってみるとよいでしょう。

3章　ツーリズム・リテラシーのアイデア集

海外1 **ジェンダーで眺めるバンコク**

紹介地　バンコク（タイ王国）

屋台が支えるライフスタイル

タイを主たるフィールドに研究してきたわたし（須永）は、大学院生時代、タイにアパートを借りて住んでいたことがあります。その際に戸惑ったのは、標準的な価格帯のアパートには、ほとんどの場合キッチンが付いていないということです。節約のために、ある程度は自炊をすることを想定していましたので、どうしたものかと悩みました。もちろん、キッチンのついた部屋もないわけではないのですが、大学院生には手が出ないような「高級物件」ばかりです。

結局、キッチンのないワンルームに居を構えることになったのですが、いざ暮らしてみると、ほとんど不便を感じることはありませんでした。なぜなら、アパートの周辺には、多種多様な総菜を売る市場や屋台が、早朝から深夜まで営業していたからです。その場で食べることもできますし、麺類も含め、すべてテイクアウトすることも可能です。そのため、アパートにキッチンがなくても、食生活にはまったく不自由しませんでしたし、毎日何を食べるかを考えながら近所の屋台街を散歩することは、とても楽しい経験でした。

タイの都市部では、こうした豊かな「屋台文化」が発達していますので、家庭で自炊をする習慣はあまりありません。タイの一般的なアパートにキッチンが見られないのは、こうしたライフスタイルを反映した結果といえるでしょう。

屋台の発達は、コンビニの品揃えにも影響を与えています。タイにも、セブンイレブンやファミリーマートなどのコンビニがありますが、日本のコンビニで売られているようなお弁当などの総菜類はそれほど見かけません。そこかしこに屋台があり、安価で美味しい食事にありつけることができるため、コンビニのような場所での総菜類に対する需要が多くないのでしょう。

タイの屋台文化の歴史

では、タイの屋台は、どのような経緯で発達してきたのでしょうか。[1]

タイで今日のような「屋台文化」が生まれたのは、十九世紀後半から二十世紀前半にかけてであると言われています。一八五五年にイギリスとの間にボウリング条

[1] タイの屋台の歴史については、以下の文献を参照。
Yasmeen, G. *Bangkok's foodscape: public eating, gender relations, and urban change*. White Lotus, 2006.
また、屋台を含むタイの食文化に関する包括的な研究書としては、次の文献が秀逸である。
前川健一『タイの日常茶飯』弘文堂、一九九五年。

約が締結され、自由貿易へと移行するなかで、多くの中国人移民が海を渡ってやってきました。そこで、現地の女性と結婚した中国人移民の中に、同胞向けの屋台を出す人たちが出てきたのです。そのため、現在でも屋台料理の中心をなしているのは、クイッティアウと総称される米麺やお粥、日本では海南鶏飯の名前で知られるカオマンガイなど、中国人移民にルーツを持つものです。

しかし、戦後になると、屋台文化の新たな担い手として、イサーンと呼ばれる東北タイ出身の人々が参入してきます。都市と農村の格差が広がるなかで、貧困層の多い東北タイ出身者がバンコクに出稼ぎに来て、同胞向けにイサーン料理を出す屋台を始めていくのです。そして、イサーン料理は、次第に東北タイ出身者以外のタイ人の間でも受け入れられ、全国に普及していきました。ソムタム（パパイヤのサラダ）やガイヤーン（鶏肉の炭火焼）、モチ米など、イサーン料理を売る屋台が多いのは、こうした背景があるためです。

写真1　東北タイ料理を売る屋台

屋台を支える女性たち

ところで、タイの市場や屋台を観察していると、その担い手の多くが女性であることに気づきます。そこで商売をしている人の、実に八割近くが女性であるという研究もあるほどです。こうした現状に着目した研究者らは、女性の社会進出や地位の指標として積極的に評価する一方で、その背景となる文化的要因についてさまざまな考察をしてきました。[2]

その一つが仏教的な世界観にもとづく説明です。タイで広く信仰されている上座部仏教の世界観では、一般に宗教は「男性の領域」とされており、出家が正式に認められているのも男性のみです。では、女性が宗教的に排除されているかというと、必ずしもそういうわけはなく、一切の経済活動が禁じられている僧侶や寺院を経済面で支えるのが女性であるという規範があります。それゆえ、上座部仏教的な世界観では、宗教＝男性／俗世（経済）＝女性という構図が見られ、それが女性の労働参加を促しているというのです。

また、結婚後の妻方居住や末娘への不動産相続が広くみられるタイでは、男性優位の家父長制は存在せず、それが女性の社会進出や経済的自立を促してきたという議論もあります。たとえば、タイでは、娘が老後の両親の経済的な面倒をみるという規範が強く残っていることから、こうした規範が女性の労働市場への参加と自立を促してきたというわけです。

「女性の地位」は本当に高いのか

しかし、労働市場への参加の割合が高いからといって、それを安易に「女性の社

[2] タイをフィールドにしたジェンダー研究の動向については、以下の文献を参照。
速水洋子「他者化するまなざしの交錯の中で——タイ」宇田川妙子・中谷文美編『ジェンダー人類学を読む』世界思想社、二〇〇七年、四七—七三頁。

会進出」や「地位の高さ」の指標とするのは問題含みです。

前述したように、タイでは、女性が家族を経済的に支えるという規範が根強く残っていますが、こうした規範が女性に労働市場への参入を強いる文化的圧力ともなっているという指摘もあります。その結果、職業選択の幅が限られた農村部の低学歴の女性たちの一部が、都市部の下層労働市場に取り込まれていくのです。そして、その労働市場の一つが、次に述べるような外国人観光客向けの性産業です。

タイの本格的な観光開発は、一九六〇年代に、ベトナム戦争に従軍していた米兵向けに保養地を提供するという目的で始まりましたが、その時代に発展した歓楽街や性産業は、現在でもタイ観光の一断面を構成しています[3]。たとえば、バンコクには、ゴーゴーバーやバービアといった、外国人観光客向けの料飲施設が集まる場所がありますが、これらは、いずれもベトナム戦争時に開発されたものです。それが現在では、一般の外国人観光客が訪れる、ある種の「観光地」になっているのです。

ゴーゴーバーやバービアは、表向きはバーなのですが、観光客と従業員のあいだで、金銭を介した性交渉が行なわれることも少なくなく、性産業としての側面も有しています。そして、こうした外国人観光客向けの性産業で働く女性の多くが、イサーンをはじめとする農村部の若年女性たちであったりするのです。

[3] Cohen, E. *Thai tourism: hilltribes, islands and open-ended prostitution.* White Louts, 1996.

[4] 市野澤潤平『ゴーゴーバーの経営人類学——バンコク中心部におけるセックスツーリズムに関する微視的研究』めこん、二〇〇三年。

しかし、農村女性の出稼ぎは、タイの文化的規範だけでなく、資本主義的開発にともなう都市・農村間の格差なども影響しています。また、「家族を養う」といった利他的な理由からではなく、農村社会の伝統的規範からの逃避や、都市的なライフスタイルへの憧れなどが、出稼ぎを生んでいるといった報告もあります。それゆえ、農村女性の出稼ぎや性産業のへの参入の要因は、複合的なものとして理解する必要があるでしょう。[4]

屋台と性産業という、一見何の関係もないように思える二つの業種ですが、ジェンダーという視点を踏まえると、タイの文化的規範や開発による社会変容といったさまざまな論点が浮かび上がってきます。バンコクという東南アジア有数の観光地を底辺から支える人びとに思いを馳せることで、これまでとは違ったバンコクの風景が立ち現われてくるかもしれません。〔須〕

紹介地　ヤワラート（タイ・バンコク）

アクセス　タイ地下鉄「ワット・マンコン駅」下車すぐ。

バンコクの場合、屋台は至るところにありますが、多くの場合英語のメニューがありません。「指さし」でも注文可能ですが、不安な人は観光客も多く訪れる屋台街などに行くとよいでしょう。代表的なのは、ヤワラートと呼ばれるバンコクのチャイナタウンです。中華系移民にルーツをもつ料理が中心ですが、夜になると数多くの屋台が出て、深夜まで賑わっています。

海外[2] 旅行のプロが選ぶ「本場のベトナム料理」

紹介地 ハノイ(ベトナム社会主義共和国)

ベトナム料理の「定番」

ベトナム料理というと、どのようなメニューが思い浮かぶでしょうか? 日本では生春巻きや米麺のフォー、ベトナム風お好み焼きとも形容されるバイン・セオ、そして植民地支配によって普及したフランスパン「バイン・ミー」のサンドイッチなどが有名です。[1] これらは、日本にあるベトナム料理店でも必ずといっていいほど提供される、いわばベトナム料理の定番メニューといえます。

一九九〇年代後半から、野菜をふんだんに使う「ヘルシーな」ベトナム料理は、他の東南アジア諸国の料理に比べて辛さが控えめなため、若い女性の間でちょっとしたブームになりました。火つけ役となった女性雑誌や旅行ガイドブックなどでは、それ以降もたびたび定番のベトナム料理が取り上げられています。

[1] バイン・ミーは、ベトナム語でパンの総称ですが、日本ではバゲットを半分に切って、肉や野菜を具にしたサンドイッチを指すのが一般的です。味つけにはニョクマム(魚醤)が使われ、パクチーが添えられたバインミーはまさに交流文化を象徴するメニューともいえるでしょう。

海外旅行に行ったのであれば、その土地の名物料理を食べてみたいと思うのは当然です。今や、ベトナムに限らず各国の料理を日本にいながらにして食べることはできますが、それでも旅先では「本場の」料理を堪能したいと思うはずです。では日本からベトナムを訪れた観光客は、どのような「本場のベトナム料理」を食べることになるのでしょうか。

パッケージツアーのベトナム料理

短期間で安価にベトナム観光に出かけるのであれば、パッケージツアーを利用するのが一般的です。各種のツアーパンフレットみると、北部の首都ハノイや経済の中心南部ホーチミン市に三日から四日程度滞在する商品が中心となっています。限られた滞在時間の中で主要な観光地をめぐるツアーでは、昼食ではバイン・ミーが提供され、夕食では先にあげた生春巻きやフォーが食べられるレストランに行くことが多いようです。観光客はそこで、「本場のベトナム料理」を味わうことになります。

ではツアーで訪れるレストランをツアーの企画担当者は、どのように選定しているのでしょうか。個人で旅行をするのであれば、ガイドブックやウェブサイトの口コミを参考に、気に入ったお店に入ることができます。期待通りの食事ができるこ

写真1　観光客と地元客でにぎわうハノイ旧市街ターヒエン通り

ともあれば、味や値段に満足できないこともあるかもしれません。残念ですがそんな時は、レストランを選んだ自分たちの責任ですので仕方ありません。

しかし、ツアーの場合は違います。観光客がツアーで訪れたレストランに満足できなければ、旅行会社は評判を下げることになりますし、クレームとなる場合もあります。[2] そのため企画担当者は、レストラン選びにも慎重になる必要があるのです。ただ「本場の料理」を観光客に味わってもらうためには、少し注意しなければならない点もあります。そこで旅行のプロであるツアーの企画担当者たちが、どのようにしてツアーでの食事を選定しているのか、ひとつエピソードを紹介したいと思います。

あるときベトナム・ハノイを訪れるツアーの企画会議で、夕食のレストランを変更するかどうかをめぐって、スタッフの間で議論になりました。なぜなら、それまでツアー客をほとんど受け入れていなかった、当時の小泉純一郎首相も訪れたという高級レストランが、日本からの観光客限定で夕食メニューを格安で提供してくれることになったからです。このレストランは内装が豪華なことでも有名で、数人のスタッフは、ツアーの「売り」にもなるので高級レストランを新たに利用することを提案しました。しかし議論の末に、値段はそれほど変わらないにもかかわらず、結局それまでも利用していた中級レストランを選択することになりました。最大の

[2] 多くの添乗員つきパッケージツアーでは、帰りの機内などで、ツアーで利用したホテルやレストランの満足度を聞くアンケートが行なわれています。その結果は集計され、ツアー企画時の参考資料となっています。

理由は、高級レストランでは日本で定番のベトナム料理を同時に提供することができなかったからです。

南北に細長いベトナムでは、地域ごとに名物料理が異なります。生春巻きやバイン・セオはどちらかというと南部の料理です。またフォーやバイン・セオは、屋台で食べられることも多い庶民的な料理です。いずれにせよ、首都ハノイの高級レストランにはふさわしくないので、シェフがメニューに複数組み込むことを拒んだのです。日本に当てはめて考えてみると、懐石料理を専門とする東京の高級料亭に、ラーメンと大阪名物お好み焼きを夕食のコースで一緒に出してほしいと依頼するようなものかもしれません。

観光客は、雑誌やガイドブックを通じて知っている「ベトナム料理」を本場で体験したいと思ってやってきます。そのため、いくら高級レストランのシェフがつくったベトナム料理であったとしても、日本で定番とされているメニューが提供されなければ、観光客は本場を味わうことができず不満を覚えるでしょう。担当者たちが中級レストランを選択したのは、その店が交渉次第で「定番メニュー」を夕食に提供してくれる店だったからでした。

高級レストランの一流シェフによるメニューも、「本場の料理」であることに間違いありません。しかし、観光客が求めているのは自分たちが知っている、日本で

写真2　生春巻き（左）とバイン・セオ（右）

食べたことのあるベトナム料理を本場で味わうことです。ツアーを商品として販売する旅行会社は、代金を支払って参加する観光客を満足させなければなりません。そのため、ツアーに組み込まれるメニューは、観光客が期待するイメージを確認できるかどうかが重要な選択基準なのです。

観光客向けメニュー＝ニセモノ？

　このように考えると、パッケージツアーで提供されるベトナム料理は、地域性や文脈を無視した観光客向けのもので、地元ベトナムの食文化を正確に反映したものではないと思われるかもしれません。しかし現実は、より複雑です。経済成長著しいベトナムでは、消費欲旺盛な中間層が形成されつつあります。都市部には次々と新たなレストランがオープンし、地元の人びとでにぎわっています。そこでは、北部ハノイでも南部のメニューが提供されますし、ホーチミン市でも北部の名物料理を味わうことができます。洗練された内装で庶民的な屋台料理をアレンジして提供する店もあります。いまやベトナムの人びとも「観光客向けメニュー」と同様、地域性や文脈が異なるベトナム料理を食べているわけです。さらに、ハノイの中心部で人気のあるレストランでは、ベトナム全土の料理と一緒に寿司やパスタまでもが並んでブッフェで提供されていますし、郊外のショッピングセンターの中には「古

写真3　ハノイ旧市街を再現したレストラン

き良きハノイの町並み」を再現した内装の店も登場しました。あえて社会主義計画経済の時代の質素な食事を提供するレストランを訪れると、当時を知らない地元の若者と観光客が並んで食事をしています。もはや「観光客向けメニュー」と「地元向けメニュー」を単純に区分することはできません。

食はグローバルな人の移動とローカルな文化の出会いの場です。そこでは、観光客向けメニューが地元に還流するような、観光客向け商品/地元の食文化といった単純な二項対立的な見方ではとらえられない、複雑で興味深い交流文化の様相をみることができるのです。そして、ツアー企画担当者は、そのような現地の最新動向を把握しつつ、一方では日本人観光客が期待する「本場のベトナム料理」とは何かを問いながら、それらを相互に参照しながら調整する文化仲介者としての役割を果たしているのです。〔鈴〕

紹介地　　旧市街（ベトナム・ハノイ）

アクセス　ハノイ・ノイバイ国際空港から車で約40分。

発展著しい東南アジアの国ベトナム。南北に細長い国土や多民族国家という背景により、全土で多彩な料理を楽しむことができます。おすすめは迷路のようなハノイ旧市街。ここでは写真1のターヒエン通りのように、活気あふれる街の雰囲気に浸りながら、庶民の屋台からちょっと高級な伝統的ベトナム料理、さらにベトナミーズ・フレンチまであらゆる料理に出会うことができます。

海外3

「まなざし」とリテラシー

紹介地　グアム（米国）

「見えて」いるのに「観えて」いないこと

目の前にあるのに、見えていない、ということが、わたしたちにはあります。物理的に「見えて」いても文化的に「観えて」いない場合がその一つであり、観光の現場でよく起こります。

たとえば「青い海と白い砂浜」で人気の太平洋のリゾート、グアム島の中心には、大勢の日本人が訪れるタモン湾があります。高級ホテルや免税店が建ち並ぶビーチですが、その波打ち際にはリゾートとは不釣り合いにゴツゴツした、コンクリートの塊が点在します。それは太平洋戦争の末期に日本人が建造した射撃陣地であり、名を「トーチカ」といいます。

このグアム島は、ずっとアメリカの領土だったわけではなく、日本の領土だった

写真1　日本人が造った「大宮島」のトーチカ

時代があります。その名は「大宮島」でした。一九四一年一二月八日、すなわちハワイの真珠湾攻撃と同じ日にグアム島への攻撃を開始した日本軍は、二日後に上陸して占領し、三年近く支配しました。タモン湾にいまも残るトーチカは、「大宮島」を死守する日本軍が、再上陸を狙うアメリカ軍を射殺するために建造した、戦争の遺構です[1]。

そのようなトーチカの上に水着や海水遊具を置いて乾かしたり、腰かけてビールを飲んだりする日本人の姿を、現在のタモン湾ではよく目にします。「常夏の楽園」グアム島を訪れる日本人のまなざしには、日本軍の戦跡は物理的には「見えて」いても、それが何かは意識しないし理解もしない、つまり文化的には「観えて」いないようです。そもそもグアム島が「大宮島」だった歴史も、いまでは「観えて」いないのかもしれません。

[1] 日本人のトーチカはタモン湾だけでなく、グアム中の海岸線に点在しています。この他にも「大宮島」の歴史を伝える遺構や遺物はいまもグアムに残っています。

侵略者か聖人か

「見えて」いるのに「観えて」いない、もう一つ別の例が、同じタモン湾にあります。

この島では先住民「チャモロ人」が数千年もの間、独自の文明を築いてきました。しかしマゼラン隊が大航海の途中に漂着した一六世紀前半を経て、スペイン出身のディエゴ・デ・サン・ヴィトレス神父がやって来た一七世紀半ば、同島は大きな転機を迎えました。

サン・ヴィトレスはキリスト教のカトリック神父であり、世界布教に熱心なイエズス会の宣教師でした。彼は「泥棒諸島」と呼ばれていたグアム島とその周辺を当時のスペイン王妃マリア＝アンナの名から「マリアナ諸島」と改称し、最初の一年で約一万三〇〇〇人ものチャモロ人をカトリックに改宗させるなど、同島における中世グローバリゼーションを主導しました。それゆえチャモロ人の有力者たちの怒りを招き、一六七二年に首長マタパンの子に洗礼を施した結果、タモン湾で殺害されてしまいました。

そのため同地には、いままさに神父が背後から刺殺されようとしているシーンを描いた、大きなモニュメントがあります。これはグアム島の観光開発が始動した一九六八年に、チャモロ人たちの寄付で建造されました。

ただし、ここには複雑な背景もあります。キリスト教の世界観とスペインの支配をこの島に持ち込んだサン・ヴィトレス神父は、チャモロ人にとって「侵略者」であり「敵」ですが、しかし人口の八割あまりがカトリック信徒であり、スペイン起源の姓名を名乗る今日の彼らには「聖人」であり「先覚者」でもあります。

そのタモン湾を貫く道路の正式名称は「サン・ヴィトレス神父通り」といい、通

写真2　タモン湾のサン・ヴィトレス神父記念碑

りに面した教会の名は「祝福されたディエゴ・デ・サン・ヴィトレス教会」です。他方でタモン湾の外部でサン・ヴィトレス神父に関するものは、まず見かけません。数多のカトリックの聖人たちが各所でまつられているグアム島ですが、サン・ヴィトレス神父の記憶はタモン湾に押し込められているようにもみえます。

これをいかに理解して、どう「観れ」ばいいのか、一筋縄では説明がつきません。タモン湾は「楽園」の中心地ですが、グアム島のさまざまな記憶の集積地でもあります。

「観光のまなざし」という問題

もちろん「楽園」のまなざしには、こうした遺構やモニュメントは「見えて」いても「観え」ず、それらが伝える記憶も無関係かもしれません。むしろ、せっかく金を払って遊びに来たのに、また戦争や歴史の話か、とうんざりするツーリストもいるかもしれません。

しかしグアム島を訪れたのにもかかわらず、そこに固有な歴史や文化を観ずにショッピングやグルメだけを楽しむ「グアム抜きのグアム観光」ばかりが行なわれるとしたら、それは問題ないことでしょうか。たとえば広島や長崎を訪れたのに、原爆の事実を観ずに食べ歩きや免税店での買い物ばかりに熱中するアメリカ人などが大挙してやって来るとしたら、そうした「日本抜きの日本観光」には違和感が生じないでしょうか。[2]

このような「見えて」いるのに「観えて」いない観光のまなざしは、個人的な問題ではありません。ツーリズムの研究では、「グアム抜きのグアム観光」や「日本抜きの日本観光」などを問うとき、それを楽しむツーリストの個人的な嗜好や知識ではなく、そうした観光のまなざしが成立し、広く普及するにいたった社会のありかたをクリティカルに検証します。まなざしは個人的に体験されますが、しかし社会的に作られる性質を持つからです。

こうした考え方は、ツーリズム研究における必読書の一つとして知られるJ・アーリの『観光のまなざし』によります。同書は一九九〇年の初版から三回も改訂されてきましたが、観光のまなざしは「社会的に構成され体系化された」ものであり、時代や地域によって異なる種類のまなざしが生まれてきた、という考え方は一貫しています。そして同書によれば、「観光のまなざし」は現在も変化し続けていること、それは狭義の観光に限らず、観光を含む社会そのものを「観る」ことにもつながる、重要なテーマであるといえます。

『観光のまなざし』はやや難解な学術書ですが、その考え方を理解し、まなざしの社会的な性質を批判的にとらえるリテラシーを習得できれば、たとえばグアム島

[2] 吉田竹也『反楽園観光論――バリと沖縄の島嶼をめぐるメモワール』（人間社、二〇一三年）を参照。またグアムの歴史については山口誠『グアムと日本人――戦争を埋立てた楽園』（岩波新書、二〇〇七年）にまとめた。

ならば「楽園」のまなざしから脱出して、もっと多様で豊かな「グアム」たちとの出会いが待っています。

「まなざし」を超えるリテラシー

重要なのは、観光のまなざしを全否定することではなく、そのまなざしによって造られた「グアム」のイメージがいつ、どうして多くの人びとが共有する社会的な「観る」方法になっていったのかを理解することです。そうして観光のまなざしのメカニズムを知ることができれば、それを超え出るための道筋を「観る」ことも、可能になるからです。

そうした観光のまなざしを超えるツーリズム・リテラシーはグアム島だけでなく、世界の各地で応用できます。「見えて」いるのに「観えて」いないこと自体が観えなくなってしまう前に、観光のまなざしを超え出て文化的に「観る」ことを楽しむツーリズムを、ぜひ体験してみてください。〈山〉

紹介地　タモン湾とその周辺
（アメリカ合衆国・グアム島）

アクセス　グアム空港から東へ２キロ。ホテルが林立するエリア。
住所　Pale San Vitores Road, Tumon, USA.

来島したツーリストの大半が滞在する、グアム観光の中心地。朝や夕暮れの涼しい時間に散歩すれば、いろいろなグアム島の記憶が観えてくると思われます。サン・ヴィトレス神父の記念碑は、ハイアット・リージェンシー・ホテル横の細道にあります。

海外④

世界遺産と地域コミュニティ

紹介地　ルアンパバーン旧市街（ラオス人民民主共和国）

世界遺産と聖域化

かつて、フランスの社会学者J・ボードリヤールは、消費社会の進展により、人びとの消費のあり方が機能的な消費から記号的な消費へと変容していくことを指摘しました。[1]

たとえば、自動車を購入する際、わたしたちは移動手段という使用価値（機能）だけでなく、ファッション性や高級感といったその車種に込められたイメージやスタイルを重視して車種を選択することも多いでしょう。このような、モノの機能よりもそこに含まれる意味や物語、イメージが重視されて消費されるような状況のことを、記号的消費と呼びます。

記号的消費は、観光の文脈における消費を考える際にも参考になります。たとえ

[1]　ボードリヤール・J『消費社会の神話と構造〈新装版〉』今村仁司・塚原史訳、紀伊國屋書店、二〇一五年。

ば、沖縄本島西海岸を走る国道五八号線には、多くのヤシの木が植えられています。これは、一九七五年に開催された海洋博覧会を契機に進められた観光開発の一環として、植樹されたものです[2]。つまり、「ヤシの木＝南国」というイメージを利用して、西海岸の海との相乗効果で「沖縄＝南国」という記号をつくりだしていったのです。

観光消費の記号的側面に着目した社会学者のD・マキャーネルは、ある場所が観光消費の対象となる過程を「指標（marker）」の付与という観点から説明しています。「指標」とは、ある場所に関するさまざまな情報やイメージ、物語のことです。ツーリストは、その場所に付与された「指標」があるからこそ、そこを訪れてみたいという気持ちを抱くわけです。マキャーネルは、場所に「指標」が付与され、観光地化していく過程のことを、「聖域化（sight sacralizaion）」と呼んでいます[3]。

こうした「聖域化」を考えるうえで、ユネスコの世界遺産は今日きわめて大きな影響力を持つ制度の一つと言えるでしょう。世界遺産に登録された途端、そこを訪れるツーリストが急増するといった現象は、まさに聖域化がもたらす影響といえます。

世界遺産化にともなうツーリストの急増は、一定の経済効果を地域にもたらすかもしれません。しかし急速な観光地化は、その地域の社会や文化に負の影響を及ぼ

[2] 多田治『楽園イメージの誕生——青い海のカルチュラル・スタディーズ』東洋経済新報社、二〇〇四年。

[3] マキャーネル・D『ザ・ツーリスト——高度近代社会の構造分析』安村克己他訳、学文社、二〇一二年。

すこともあります。以下では、ラオスのルアンパバーン旧市街を事例に、世界遺産化にともなって生じたさまざまな変化や問題について考えてみたいと思います。

世界遺産の街・ルアンパバーン旧市街

ルアンパバーンは、ラオス北部のメコン川沿いに位置する小さな町です。十四世紀から十八世紀にかけて栄えたランサーン王国の王都であったため、「ラオスの古都」とも呼ばれています。町の中心部には、その時代に建造された仏教寺院が多数あり、今日でも人びとの暮らしを支える重要な存在となっています。たとえば、早朝の托鉢は、ガイドブック等でも必ず紹介されるルアンパバーンの日常の風景です。また、フランス植民地時代に建設された、コロニアル建築やショップハウス（中国系商人の店舗兼住宅）など、フランスの影響も随所に見られます。伝統的なラオ建築にフランスがもたらした建築的特徴を取り入れた「インドシナ様式」と呼ばれる折衷様式の建築も少なくありません。

こうしたさまざまな文化要素が織りなす独特の景観が評価され、一九九五年には世界遺産に登録されました。近年では、イギリスの旅行雑誌『ワンダーラスト』などで、毎年高い評価を受けるなど、東南アジア有数の観光地となっています。現在、町の中心部は保存地区になっており、歴史的景観を保全していくためのさまざ

写真1　早朝の托鉢の風景

まなルールが設けられております。たとえば、当局によって保存建築に指定されている場合、既存建築の取り壊し等は禁止されており、改修する場合も元の建築的特徴に忠実であることが定められています。また、保存建築に指定されていない場合でも、保存地区内で新規に建物を建てる場合は、周囲の景観になじむよう、指定された建築様式を踏襲する必要があります。

写真2　コロニアル様式の建物

文化遺産の今日的活用――ブティック・ホテル

世界遺産登録後のルアンパバーン旧市街では、ホテルやゲストハウス等の観光施設の建設が急速に進んでいます。一九九七年には二九軒しかなかった宿泊施設が二〇〇三年には一三五軒まで増加し、現在では二〇〇軒を超えています。[4]

しかし、多国籍な大規模ホテルチェーン等の進出はあまりみられず、ブティック・ホテルと呼ばれる小規模な業態が中心です。ブティック・ホテルとは、おもに一九八〇年代の欧米において、チェーン展開する大型ホテルへの反動から生まれた新たな業態であり、その特徴としては、①小規模、②独特のデザイン、③パーソナル化されたサービス、④独立系（チェーン展開していない）などの点が挙げられます。景観保全のための建築規制があるルアンパバーンでは、大規模なホテルの建設が困難なため、一〇～二〇室程度のブティック・ホテルが主流となっているので

［4］Dearborn, L.& J. C. Stallmeyer. *Inconvenient heritage: erasure and global tourism in Luang Prabang.* California: Left Coast Press, 2010.

す。

とくにルアンパバーン旧市街では、保存建築をリノベーションしたブティック・ホテルが目立ちます。こうした保存建築の転用は、文化遺産の保全や活用を考えるうえで興味深いものといえるでしょう。

しかし、ルアンパバーンでブティック・ホテルを運営しているのは地元の住民ではありません。その多くは外国人企業家や、一九七〇年代のラオス内戦下に海外に亡命し、近年ビジネスチャンスを求めて帰還した富裕なラオ人です[5]。つまり、保存建築をブティック・ホテルに転用できる資金やノウハウをもった外部のアクターが、観光ビジネスの中心になっているのです。

世界遺産化のアイロニー

もちろん地元住民の中にも、ゲストハウスや土産品店、食堂等を通じて観光から恩恵を受けている人も一定数います。しかし、観光開発が進むなか、保存地区外に移住するという傾向も顕著です。

また、立地や広さ等の問題から観光施設への転用が難しい保存建築が、廃墟になっているケースもみられます。保存建築を修繕・維持するには相応のコストがかかるため、そのコストを負担する余裕のない持ち主が転居したまま、放置されている

写真3　植民地時代の建物をリノベーションしたブティック・ホテル

［5］　須永和博「ラオス・ルアンパバーンにおける社会的記憶と景観」『立教大学観光学部紀要』二二号、二〇二〇年。

のです。

ルアンパバーンでは、世界遺産にともなう聖域化が急速化な観光地化をもたらし、その波に乗ることのできない住民の一部が保存地区外に移住していくという皮肉な状況も生まれています。都市の再開発にともない、旧住民や貧困層が排除されていくプロセスのことをジェントリフィケーションと呼びますが、ルアンパバーンにおいては世界遺産登録にともなう「聖域化」がそれを助長してしまったとも言えます。

かつてルアンパバーン旧市街には、地区ごとに特産品があり、その特産品の交易を通じて一つの有機的な社会・経済空間が成り立っていました。しかし、近年では観光業への転換や人口流出によって、こうした多様な生業形態は失われつつあります。歴史的景観は保全されているものの、その地域の場所性を支えていた地域住民の無形の遺産（伝統的な生業や生活文化）が徐々に形骸化してきている面もあるのです。

世界遺産化にともなう聖域化の現状を微視的な視点から見ていくと、さまざまな問題も同時に見えてきます。〔須〕

紹介地　　ルアンパバーン旧市街　（ラオス）

日本からの直行便はなく、ハノイやバンコクからラオス航空・ベトナム航空などの便が出ています。市内中心部は徒歩やレンタルサイクルで十分散策可能な小さな街です。街を散策する前に、「ヘリテージ情報センター」を訪ねてみると良いでしょう。ルアンパバーンの文化遺産に関するさまざまな情報を入手することができます。

海外5　コミュニティ・ベースド・ツーリズムの可能性

紹介地　ヤオノイ島（タイ王国）

〈周縁〉へのまなざし

観光旅行のあり方には、社会階層やジェンダー、民族、年齢などによって、さまざまなバリエーションがみられます。しかし、どのような属性のツーリストであろうと、自分の慣れ親しんだものとは異なる何かを求めるという志向性は、ある程度共有していると思います。日常の生活から離れて、非日常的な世界に身を置くこと。こうした欲望が、観光という現象を生み出す大きな原動力の一つといえるでしょう。

それゆえ、観光の場面では、都市から農村や離島へ、あるいは先進諸国から途上国へといった具合に、〈中心〉から〈周縁〉への移動が、しばしばみられます。いいかえれば、世界システムや国民国家の辺縁に位置するような「第三世界」あるいは「第四世界」的状況にある社会・文化が、逆に観光の文脈では注目されるということが生じるのです。

新たな観光のあり方の模索

しかし、こうした〈周縁〉への観光のまなざしは、ホスト側の意向とは無関係に投げかけられるがゆえに、そこでの観光の運営や管理をめぐっては、さまざまな問題が生じる場合も少なくありません。たとえば、米国本土の資本によって、ネイティブ・ハワイアンの生業の場であった湿地帯が埋め立てられたハワイのワイキキ・ビーチの開発のように、外部のアクターによる一方的な観光開発によって、自然環境の破壊や地域住民の生活の場の荒廃などが進んだケースもあります[1]。

こうした状況に対して、一九八〇年代後半から、より持続可能で適正な観光のあり方を模索する動きが生まれていきます。オルタナティヴ・ツーリズムやサステイナブル・ツーリズムと総称される観光の新たな動向です。そのなかでも、近年注目を集めているのが、コミュニティ・ベースド・ツーリズム（CBT）と呼ばれる取り組みです。CBTとは、観光の受け皿となる地域コミュニティのメンバーが観光開発・運営に主体的かつ自律的にかかわることで、観光からの経済的・社会的便益を地域に還元していくべきであるという一種の開発理念です。

[1] 山中速人『イメージの「楽園」——観光ハワイの文化史』筑摩書房、一九九二年。

わたし（須永）がこれまで調査研究を進めてきたタイでは、一九九〇年代前半から地元のNGOなどが牽引するかたちで、CBTの取り組みが進められてきました。現在タイは、東南アジアの中でも最もCBTが盛んな地域の一つとして知られており、NGOを介して、その経験やノウハウがミャンマーなど近隣の国でも共有されるなど、「草の根のグローバリゼーション」とも呼びうる状況も生まれています。以下では、タイにおけるCBTの先駆的な事例として知られる、タイ南部のパンガー県ヤオノイ島の事例を紹介したいと思います。

「半市場経済」とツーリズム

ヤオノイ島は、国際的なビーチリゾートとして知られるプーケット島の東側・パンガー湾に位置しており、プーケット島からは高速船で三〇分ほどの距離にあります。そこでは、一九九四年より、当時バンコクに拠点を置いていた環境NGOと協働で、CBTの取り組みが行なわれています。この島のCBTは世界的にも高く評価され、二〇〇三年には、国際NGO、コンサベーション・インターナショナルと旅行雑誌『ナショナル・ジェオグラフィック・トラベラー』が創設した「ワールド・レガシー」賞を受賞したりもしています。

ヤオノイ島の住民の多くは、タイ系ムスリムであり、おもに島内やその周辺で消費される魚介類を採取する小規模漁業に従事しています。漁師世帯の多くは、タイ語でルア・ハートヤウと呼ばれる小型の動力船（ロングテールボート）を所有しており、この船を操って周辺の海域で漁を行なっています。定員四〜六人程度の小型船のため、陸から数キロ以内の沿岸部で漁を行なうのが一般的です。主な漁具としては、エビやカニ、イカ等を捕る刺し網のほか、プック・サイヤイと呼ばれる籐（ラタン）材を用いた手づくりのかご罠などを利用しています。

CBTに参加するツーリストは、島に滞在中、（おもに漁師をしている）島民の家にホームステイをしながら、島の生活文化を体験したり、ムスリムの宗教生活について学んだりすることができます。ツーリストには、あらかじめ島の慣習や島滞在時のルール（飲酒や肌の過度な露出の禁止）が説明され、滞在中はそれを守ることが求められています。

このような取り組みが、ヤオノイ島で導入された背景としては、以下の二つの点を指摘できます。

まず第一に、住民の大半を占めるムスリムの慣習に配慮した観光のあり方を模索するということです。プーケットからアクセスの良いヤオノイ島では、外部資本によるリゾート開発も同時に進行しています。こうしたなか、「第二のプーケット」になることを恐れた一部の住民が、コミュニティ主導で観光開発を行なうことを目

写真1　かご罠漁をするヤオノイ島の漁師たち

指していったのです。前述したような、イスラム教にもとづく島民の慣習に関する説明や滞在時の基本的なルールなどは、こうした背景のもとでつくられたものです。

そして第二には、住民の主たる生業である小規模漁業のあり方を外部に発信するメディア（媒体）としてＣＢＴを利用するという考えです。ＣＢＴを導入した一九九〇年代、ヤオノイ島が立地するパンガー湾では、小規模漁業に従事する島民と外部の大規模なトロール漁船との間で資源利用をめぐるコンフリクトが深刻化していました。タイの漁業法では、沿岸から三キロ圏内は小規模漁業従事者の保護のため、トロール漁船の操業は禁止されています。しかし当時は、こうした法律を無視したトロール漁船がヤオノイ島沿岸域で漁を行なっていたのです。そこで、ヤオノイ島の住民は、ツーリストに自分たちの伝統的な生業を体験・学習してもらうことを通じて、彼らが抱えている問題を外に向かって発信するということを企てていったのです。

ヤオノイ島の取り組みは、国内外で高い評価を受けたことも相まって、さまざまな団体が視察に訪れるなど、広く知られるようになりました。こうして、ＣＢＴを通じてヤオノイ島の存在が可視化されるようになった結果、海洋資源をめぐるコンフリクトも徐々に下火になっていきました。

写真2　刺し網漁を体験・見学する観光客

［2］内山節『半市場経済——成長だけでない「共創社会」の時代』角川新書、二〇一五年。

CBTを運営する島の住民団体のリーダーによれば、島民にとってCBTとは、単なる経済活動ではありません。自分たちが抱えている問題を外へ向かって発信し、その問題を変革していくこと、そしてその過程でコミュニティ意識を高めていくこと、いわば地域づくりの手段として観光を用いているのです。

以上のような観光に対する姿勢には、哲学者の内山節が述べる「半市場経済[2]」という特徴をみてとれます。内山は、エシカル・ビジネスやフェアトレードなど、市場を活用しつつも、目的は市場経済の原理とは別のところにある営みを半市場経済と位置づけ、こうした活動のなかに資本主義システムを刷新する可能性をみています。すなわち、半市場経済とは、消費活動を通じたある種の社会運動といえるでしょう。

わたしたちは、観光というと、その経済的側面ばかりに目を向けがちです。しかし、ヤオノイ島のCBTにみられるような半市場経済的な観光の事例は、社会運動や文化運動という視点から観光の可能性をみていくことの重要性を示唆しているように思えます。〈須〉

紹介地　　ヤオノイ島（タイ王国・パンガー県）

アクセス　プーケット島東側に位置するバンロン船着場より高速船で約30分。

ヤオノイ島でCBTに参加するには、まずはタイでCBTを推進している研究・活動機関でもあるCommunity based Tourism Instituteにコンタクトをとることをお勧めします。英語で必要な情報を教えてくれるほか、現地コミュニティへの連絡等も仲介してくれます。
ウェブサイト：http://www.facebook.com/cbticlub

海外⑥ グローカルな交流文化

紹介地　ハワイ（米国）

知られざるローカル・フード?

サイミンをご存知でしょうか。干しエビと醤油で味付けしたスープ、チャーシューや「なると」などの具、そして黄色く柔らかい麺が特徴的な、ハワイの名物料理です。

サイミンの起源は明らかではありませんが、その名は日本語の「細麺《さいめん》」に由来するともいわれ、明治初期からハワイへ渡った多くの日本人移民と、その子孫である日系人の食文化に深いかかわりを持つと考えられています[1]。

たしかにサイミンは日本の麺類に似ていますが、しかし何かが違います。中国のミーやベトナムのフォー、韓国のククスなどにも近いのですが、どこか違います。むしろそれらすべてが混ざり合ったような、ハワイの文化を象徴するローカル・フ

[1] ハワイと日本人移民、そしてその子孫の日系人たちの歴史について、たくさんの書籍が出版されていますが、ここでは矢口祐人『ハワイの歴史と文化――悲劇と誇りのモザイクの中で』（中公新書、二〇〇二年）と同『ハワイとフラの歴史物語――踊る東大助教授が教えてくれた』（イカロス出版、二〇〇五年）がおすすめです。

ードです。

ハワイの食べ物といえば、ロコモコやパンケーキ、アサイーボールなどが人気を博し、日本からのツーリストの長い行列ができるお店も現地にありますが、他方でサイミンの知名度は低調で、日本人が行列するお店は見聞きしません。

それでもサイミンは、ハワイの各所で食べることができます。とくにワイキキとその周辺では、ファミレスやコーヒーショップ、持ち帰り専門のフードスタンド、さらにはマクドナルドも、それぞれのサイミンを提供しています。

そしてワイキキの外には、いくつものサイミンの専門店をみつけることができます。たとえばパールハーバー（真珠湾）に近い「シローズ・サイミン・ヘブン」では数十種類の趣向を凝らしたサイミンを食べることができ、いつ訪れても広い店内は大勢の客でにぎわっています。サイミンはハワイの日常食であり、そしてハワイならではの歴史がつくりだした、「グローカル」な食文化の象徴でもあります。

写真1　ハワイのファミレスZippy'sの「サイミン」

グローカルな視点

「グローカル」とは、グローバルとローカルをかけ合わせた造語です。一九八〇年代ごろから国際的な経済活動の現場で使われ始め、のちに国際関係論や社会学などでも使用されるようになった、比較的新しい概念です。そのため厳密な定義は研究者によって異なりますが、①グローバル化の進展とともにローカル化が触発される状況、②両者の相反する作用が混ざり合う過程、③その結果として生じる現象や運動、を指すといえます。

たとえば第一に、ファストフードなどを安価に販売するグローバル企業の進出に危惧を抱き、ローカルな食文化の復興を試みる住民たちが現われ、新たな地域料理や関連する行事などが生まれることがあります。これは対抗的なグローカル化の一例ですが、他方では第二に、グローバルな市場への参入を狙ってローカル性をあえて強調する戦略的または協調的なグローカル化、そして第三に、グローバル企業がローカルな既存文化を模倣して大量生産の商品を販売するなどの支配的なグローカル化もあります。

ハワイのマクドナルドが提供するサイミンは、第三の支配的なグローカル化の一例であり、食べてみると日本の定番のカップラーメンのような「最大公約数の味」がしました。他方で地元のファミレスやコーヒーショップではさまざまな「進化」を遂げた第二の戦略的なサイミンを、そして日系人が経営する老舗の専門店では、ハワイ産の食材や具材を使用し、スープと麺にもこだわった、第一の対抗的なサイミンを食べることができます。さらに別の姿をしたグローカルなサイミンもハワイにはいくつもあるため、いろいろ考えながら食べ歩きして楽しむこともできます。[2]

[2] グローカル化（グローカリゼーション）は、ここにまとめた三つのパターンだけでなく、じつにさまざまなかたちで生じます。そうした多様なグローカル化を実感するうえで、ハワイでサイミンを食べ歩くことは絶好の機会になります。

このようにグローバル化とローカル化という、相反する二つの作用の混ざり合い（ブレンド）の具合に応じて、多種多様なグローカル化が生じます。ここで重要なのは、グローバル化は一方的にローカルな文化を収奪したり画一化するばかりではないこと、またローカルな運動もつねにグローバル化に対抗するばかりではないこと、そしてグローバル化とローカル化は同時に作用し、その混交（ハイブリッド）の力学によって新たな交流の文化が生じうることであり、それを「観る」ことができる複眼的な視点です。いいかえれば、すべての文化はグローカルであり、閉じたローカルの内側で静的に生み出されるのではなく、他者との交流をきっかけとして動的に生み出される現象であると考えることができます。

こうしたグローカルな交流文化の視点からハワイそしてサイミンを「観る」とき、どのようなツーリズムが可能になるでしょうか。

もう一つの「ハワイの魅力」

これまでみてきたように、国境を越えたグローバルな交流はローカルな文化に作用し、独自のグローカルな交流文化を生み出すことがあります。そうしたグローカリゼーションの中心地の一つが、ハワイです。八つの大きな島と多数の小島や環礁から成るハワイ諸島は、文字通り北太平洋の真ん中に位置し、ポリネシア系先住民

写真2　ワイキキに近いサイミンの名店 Sekiya's

たちの大小の王国が点在する、広域の文化圏でした。しかし一八世紀後半に西洋文明と出会い、一九世紀には日本を含む世界各地から移民を受け入れた果てに、先述のグローカルな文化が現われていきました。

ここでみたサイミンはその一例であり、ほかにもスパムむすび、ベントー、ヘッカ、シェイブド・アイスなどもあります。またハワイのファッションとして知られるアロハシャツは、日本の移民が同地へ持っていった着物や浴衣をアレンジした衣服が源流にあるとされます。これらは日系移民が深くかかわった例ですが、ハワイには中華系、ポルトガル系、フィリピン系、そして北米系などの移民がかかわった交流文化の事例も無数にあります。

さらに興味深いことに、それらは互いに混ざり合い、そしてハワイの先住民の衣食住の様式やフラなどの伝統表現とも混交し、じつに多種多様で他では類を見ない交流文化の結晶体が、現在進行形で生み出され続けています。

交流文化を味わう

ハワイを単一のローカルな文化を持つリゾート地ではなく、グローカルな交流が生み出し続ける多様な文化のフィールド（現場）として「観る」とき、ハワイはツーリズム・リテラシーの実践にとって大きな可能性を持つことがわかります。そう

［3］「ハワイ日本文化センター」は訪問者向けのミュージアムだけでなく、現地の日系人や日本人の生活に密着した公開講座（空手教室など）や伝記資料の保存など、さまざまな機能を持つ、文字通りの「センター」です。ギフトショップや図書室もあるため、いろいろ発見を期待できます。

したグローカルなハワイの歴史を日系移民の視点から紐解《ひもと》くミュージアム「ハワイ日本文化センター」も、ワイキキの近くにあります。[3]

ハワイへ行くならビーチとショッピングモールでリゾート気分を楽しむのも一興ですが、たとえばマクドナルド、ローカル経営のレストラン、そしてワイキキの外部の老舗店などでサイミンを食べ比べてみて、多種多様な交流文化の味を、文字通り自分の身体で味わうこともできます。そこは魅力に満ちたグローカルな交流文化たちの宝庫です。〔山〕

紹介地　ハワイ日本文化センター

（アメリカ合衆国・ハワイ州）

アクセス　ワイキキから公共バス（The Bus）４番で15分ほど。
住所　2454 South Beretania St, Honolulu, HI 96826, USA.
公式サイト　http://jcch.com/　（開館時間は同サイトを参照）

日系人の歴史や現状を展示するミュージアムをはじめ、武道場や資料庫などを有する施設。併設のギフトショップは他所にはない品ぞろえで、一見の価値があります。がんばればワイキキのビーチから歩いて訪れることもできます。

国内[1]

日本のなかの「異国」を旅する

紹介地　大泉町（群馬県）

エスニック・ツーリズム

文化の多様性について理解を深めることは、観光がもっている社会的意義の一つであると言えます。自分が生まれ育った場所を離れ、言語的・文化的背景の異なる人々と様々な交流をすることは、異文化理解を促す積極的な効果が期待できます。ツーリズムが「平和創出産業」と言われる所以です。

このような理念が強調される観光形態の一つに、エスニック・ツーリズムと呼ばれるものがあります。[1] 世界の少数民族や先住民族の生活の場を直接訪れ、異文化を直接体験したり、学んだりする観光のことです。博物館やテーマパークなどツーリスト向けに演出された空間ではなく、集落訪問やホームステイなどを通じて、より真正な経験を得たいと希求するツーリストの間で広まっていきました。中南米の先

[1] しかし、エスニック・ツーリズムには、先進諸国のツーリストが、先住・少数民族の文化を一方的にまなざし、消費するという不均衡な関係が見られることも少なくありません。こうしたエスニック・ツーリズムを取り巻く倫理や権力については、以下の文献を参照。
　葛野浩昭「オーロラ、サンタクロース、サーミ人——北欧エスニックツーリズムと先住民族の自己表象」山下晋司編『観光文化学』新曜社、二〇〇七年、七〇—七六頁。

住民（インディヘナ）や、東南アジア大陸部の山地少数民族、東アフリカのマサイなどの集落を訪ねるツーリズムが、代表的な事例として知られています。

しかし、世界システムの周縁地域を訪れることだけが、エスニック・ツーリズムではありません。植民地主義や昨今のグローバル化の影響を受けて、先進諸国の都市部には、さまざまな移民集住地域が形成されています。こうした地域は、移民に対する差別や偏見から、「危険な場所」というステレオタイプなイメージで語られることもある一方で、「エスニック・タウン」と称され、手軽に異文化を体験できる場所として観光資源化されることもあります[2]。このような、先進諸国の移民街を訪れることもまた、一種のエスニック・ツーリズムと言えるでしょう。

[2] Diekmann, A.&M. K. Smith. eds. *Ethnic and minority cultures as tourist attractions*. Channel View Publications, 2015.

国内のエスニック・タウン

一般的に、在日外国人は、オールドカマーとニューカマーの二つに大別されます。

前者は、主として戦前に日本に移り住んだ人びと、およびその子孫を指します。旧植民地である朝鮮半島や台湾などからの移住者が中心です。たとえば、東京都荒川区の三河島や大阪市生野区などは、朝鮮半島出身のオールドカマー、いわゆる「在日コリアン」の人びとの集住地区として知られています。また、観光地として有名な横浜中華街は、明治期の開港場で働くためにやってきた、オールドカマーの華人・華僑とその子孫の人々が中心になってつくりあげた街です。

それに対して、ニューカマーとは、日本の経済成長にともない、主として一九八〇年代以降に日本にやってきた人びとのことを指します。たとえば、「韓流の町」として知られる新大久保や、中華系食材店やレストランなどが立ち並ぶJR池袋駅北口は、ニューカマーの人びとが多い場所として知られています。

それゆえ、「コリアタウン」「チャイナタウン」と言っても、オールドカマー中心の場所とニューカマー中心の場所とでは、街の成り立ちや性格が大きく異なっています。

たとえば、横浜中華街は、一九七〇年代に行政と華人・華僑の人びとが共同で観光地化を進めた結果、今日では「日本人が中華料理を食べに行く場所」としての性格が強くなっています[3]。

それに対して、池袋周辺にある中華料理店の多くは、留学生など周辺に暮らすニューカマー中国人を主たる顧客としており、より「本場の味」に近い料理が味わえます。また、近年日本にやってくる中国人の多くが東北部出身であるため、香辛料をたっぷり効かせた羊肉や蚕のさなぎなど、中国東北料理のお店が多いといった特徴もあります[4]。

[3] 横浜中華街における観光地化の詳細については、以下の文献を参照。
陳天璽「危機を機会に変える街――チャイナタウン」『現代思想』三五巻七号、二〇〇七年。
林兼正『なぜ、横浜中華街に人が集まるのか』祥伝社、2010年。
また、横浜中華街で生まれ育った人類学者・陳天璽の自伝的著作『無国籍』(新潮社、二〇一一年)は、生活者の視点から横浜中華街が描かれており、併せて読むことをお勧めしたい。

[4] 山下清海『池袋チャイナタウン――都内最大の新華僑街の実像に迫る』洋泉社、二〇一〇年。

「ブラジリアン・タウン」大泉

エスニック・タウンは、大都市周辺のみに形成されるだけではありません。たとえば、国籍別在留外国人数の統計で第五位（二〇一九年度）のブラジル人の多くは、地方都市に居住しています。ブラジルをはじめとする日系南米人が多い自治体が情報交換を行なうために、外国人集住都市会議が二〇〇一年より毎年開催されていますが、一三の会員都市（二〇二〇年現在）の内訳を見ると、愛知県、群馬県、三重県など地方都市が多いことがわかります。

これには在日ブラジル人の就労状況が影響しています。一九九〇年の出入国管理及び難民認定法改正により、日系南米人三世までとその家族に就労制限のない在留資格が与えられるようになりました。それ以降、多くの日系南米人（特にブラジルやペルー）とその家族が来日し、地方の工業地帯で工場労働に従事するようになります。その結果、在日ブラジル人の集住地区は、大規模な工場が立地する地方都市を中心に形成されることになったのです。

在日ブラジル人の多い地域では、ブラジル料理店や食材店、ブラジルから輸入された書籍や洋服を販売するお店などが数多くみられます。これらの「エスニック・ビジネス」は、在日ブラジル人の暮らしを文化面から支えるものである一方で、日

写真1　ブラジル料理の食材を販売するスーパー

写真2　ブラジル人向けの精肉店

本にいながら「ブラジル文化」を体験できる「観光資源」にもなりえます。

たとえば、「国内最大のブラジリアン・タウン」と言われる群馬県大泉町では、大泉町観光協会が中心となって、ガイドマップを作成するなど、観光資源としての「ブラジル文化」を積極的にアピールしています。[5]

うわべだけの多文化主義?

では、こうしたエスニック・ツーリズムは、異文化理解を促し、多文化共生を実現していくための萌芽となりうるのでしょうか。

たとえば社会心理学では、異なる集団間の接触を増やすことが、差別や偏見の改善につながる「接触仮説」という考え方があります。[6] こうした観点を踏まえれば、観光は多文化共生の実現へ向けた新たな関係性をつくりだす一つといえるかもしれません。

他方で、歴史学者のテッサ・モーリス゠スズキは、マジョリティによるマイノリティの文化消費は、一見他者に寛容な姿勢の表われのようにみえますが、実のところ表面的な差異の承認にとどまっているのではないかという問題提起をしています。[7] つまり、3F(food, fashion, festival)と呼ばれるような、消費可能な文化にのみ目を向けるだけで、エスニック・マイノリティの人びとが抱えるさまざまな問題につい

[5] ただし、近年大泉町は「インターナショナル・タウン」という呼称を使うようになっています。大泉町には、ブラジル人だけでなく、ペルー人やネパール人、ベトナム人など、多様な文化的背景をもつ人びとが暮らしています。「ブラジル」を強調することは、それ以外の外国人住民を不可視することにもつながりかねません。それに対して、「インターナショナル・タウン」は、さまざまな背景をもつ人びとを包摂することが可能な呼称といえます。

[6] 工藤恵理子「集団間の関係――ステレオタイプ、偏見、差別行動の原因と解決方法」池田謙一他『社会心理学【補訂版】』有斐閣、二〇一九年、二〇一―二二二頁。

[7] モーリス゠スズキ、テッサ『批判的想像力のために――グローバル化時代の日本』平凡社、二〇〇二年。

て理解を促すものではないということです。モーリス＝スズキは、こうした表面的な差異の消費・承認のことを「うわべだけの多文化主義（cosmetic multiculturalism）」と呼んでいます。

たしかに、エスニック・ツーリズムには、モーリス＝スズキが指摘するような問題点はあるかもしれません。しかし、観光が、日本に暮らす移民や難民（的立場）の人びとの現状や課題について学ぶ契機となりうるという可能性もまた、否定できないでしょう。そうであるならば、単なる3Fの消費にとどまらず、観光を媒介に、いかにより深い理解につなげていくことができるのか、そういったことを模索していくことが大切といえるでしょう。〔須〕

紹介地　大泉町観光協会（群馬県・大泉町）

アクセス　東武小泉線「西小泉駅」、徒歩４分。
住所　〒370-0517　群馬県邑楽郡大泉町西小泉4-11-22
ブラジリアンプラザ１階日本定住資料館内
電話　0276-61-2038

ブラジル系スーパーやレストランは、町の広範な地域に点在しているので、まずはここで情報収集をすると良いでしょう。また、グループ向けのツアーも受け付けています。

国内2

団体旅行からみる観光の過去と未来

紹介地　鬼怒川温泉（栃木県日光市）

団体旅行の魅力とは？

団体旅行と聞いて、どんな印象を抱くでしょうか。学校の修学旅行や訪日外国人旅行者のバスツアー、少し前の日本には職場旅行や社員旅行といって、年に一度会社の仲間と旅行をする習慣がありました。しかし近年、団体旅行はあまり良い印象を抱かれていないようです。観光バスに押し込められて、ガイドや添乗員に従って、お仕着せメニューのランチを食べて、せっかくの観光地を足早に通り過ぎていく、ちょっと時代遅れの古臭い観光のスタイルというような評判も耳にします。それゆえ少人数あるいは個人で、自由気ままに時間に縛られることなく旅するスタイルこそが、現代的な旅の姿だと。

実際、統計データを見てみると、団体旅行は減少していることが推測されます。

写真1　団体向け大型旅館が立ち並ぶ鬼怒川温泉

日本観光振興協会の報告書『観光の実態と志向』によると、「同行者の種類」では一九八〇年に「職場・学校」と「地域などの団体」が合わせて四割近くを占めていたのが、二〇一六年にはわずか三パーセントまで減少しています。しかし一方で、今でも観光地で大型バスからぞろぞろとツアー客が降りてくるのを目にすることはないでしょうか。中高年を中心にパッケージツアーは人気ですし、修学旅行や遠足も多くの学校でいまだ実施されています。そこでここでは、意外に根強い人気の団体旅行が持つ魅力について考えてみたいと思います。

大量生産される旅行の誕生

団体旅行の魅力の一つは、価格の安さです。団体割引という言葉を聞いたことがあると思いますが、旅行に限らず個人で申し込むよりもまとめて大人数で申し込むと割引になる商品やサービスは多々あります。団体で申し込むと安いのは、サービスを提供する側からしてみると、同じ労力で効率よくより多くの客に対応できるからです。タクシーでも大型バスでも運転手は一人ですが、乗車できる人数は、タクシーがせいぜい四人なのに対し大型バスなら五〇人以上なので、その分コストを削減することが可能です。パッケージツアーは、こうした団体割引を交通手段や宿泊施設、レストラン、テーマパークや寺社などの入場施設で組み合わせることによっ

写真2　修学旅行生でにぎわう岡山県倉敷美観地区

て安価な旅を実現しています。

国内外を問わず、観光学のテキストでは「近代観光の父」としてトマス・クックという人物の名が登場します。彼は一九世紀中ごろのイギリスにおいて鉄道の団体割引を利用したパッケージツアーを成功させ、旅行業のビジネスモデルを確立した人でした。[1] クックの登場以降、高額ゆえ一部の人びとにしか許されていなかった観光旅行に、広く大衆も参加できるようになりました。いわば団体割引を利用した旅行の大量生産システムは、世界的な観光の大衆化、いわゆるマス・ツーリズムの基礎をつくったものであるといえます。

一方で団体旅行には、参加者の行動が制限される側面もあります。自家用車で家族旅行をするのであれば、行き先を柔軟に変更することもできますし、レストランで好みのメニューを注文することができます。しかし大人数の団体では、あらかじめ定められた行程に沿ってツアーは進み、添乗員の指示に従って時間厳守で行動は制限されますし、食事も事前に予約されたメニューです。旅行会社は多くの参加者を集めるために、定番の観光スポットを行程の中にたくさん詰め込みます。そのためには、多数の参加者を時間厳守で効率よくコントロールしなければなりません。個人の行動や選択の余地を制限する、すなわち管理することによって、安価な団体旅行は成立しているのです。このような効率性を高めるために顧客を管理すること

[1] ピアーズ・ブレンドン『トマス・クック物語――近代ツーリズムの創始者』石井昭夫訳、中央公論社、一九九五年。

で大量生産を可能とするサービスの提供システムについて、アメリカの社会学者ジョージ・リッツアは、ファスト・フード・レストランチェーンになぞらえて「マクドナルド化」と呼んでいます。[2] いわばパッケージツアーは、旅行のファスト・フード版といえるかもしれません。

旅行がつくる人とのつながり

安価で手軽だけど、管理されて不自由。しかし団体旅行の魅力は、「安さ」だけではありません。そもそも、なぜ人は旅行に出かけるのでしょうか。美しい自然景観や歴史的な文化遺産を訪れたいのはもちろんです。しかし忘れてはいけないのは、旅行を通じて人とつながることです。観光心理学者のフィリップ・ピアースは、観光旅行の核心となる動機として、①新たな経験（新奇性）の追求、②日常からの逃避とリラックス、③人間関係の強化という三つを指摘しています。[3] 団体旅行では、さまざまな人との出会いがあり、職場や学校の仲間と親睦を深める機会ともなります。本音でいうと修学旅行で重要なのは、京都や奈良の寺社仏閣で歴史を学ぶことではなくクラスメイトとの思い出づくりではないでしょうか。[4]

団体旅行が、参加者間の関係を深めるうえで有効なのは、旅行が非日常の経験を共有する場だからです。このことを考えるためには、観光旅行を儀礼になぞらえて

［2］ジョージ・リッツア『マクドナルド化する社会——そのテーマは何か?』正岡寛司監訳、早稲田大学出版部、一九九九年。

［3］Pearce, Philip L., *Tourist Behavior: Themes and Conceptual Schemes*. Channel View Publications, 2005.

［4］このほかにも新婚旅行や卒業旅行、家族旅行など、「どこに行くか」よりも「誰と行くか」のほうが重要な意味を持つ旅行は数多く存在します。

理解しようとした文化人類学者ネルソン・グレーバーンの議論は示唆に富んでいます。[5] 広義において儀礼とは、お正月やクリスマスといった年中行事のように、共同体の仲間が毎年同じ時期に同じ場所に集まって普段とは違った時間や空間を共有するものとしてとらえられます。その場では、おせちや七面鳥のように普段は食べないけれども、その行事の時期には必ず登場する料理を家族や仲間と囲んで絆を深めます。いわば「お決まりの非日常」をみんなで繰り返し経験するのです。団体旅行でも非日常の生活圏を訪れ、とはいえ毎回同じように、景勝地で写真を撮って、温泉に入って、宴会では会席料理を囲んで「無礼講」で盛り上がり、修学旅行なら枕投げや恋愛打ち明け話をして思い出づくりをします。やはり普段はしない非日常の振る舞いを、仲間と共有することでつながりが深められるのです。

団体旅行のこれから

このように、団体旅行は安価に旅行をする方法であり、人間関係を強化してくれるものです。にもかかわらず冒頭でも記した通り、衰退しつつあるのはなぜでしょうか。

その理由の一つは、団体でなくともそれらを実現することが可能となったからです。情報技術の発展によって、交通手段や宿泊施設の予約手配において個別の申し

[5] ネルソン・グレーバーン「観光―聖なる旅」ヴァレン・スミス編『ホスト・アンド・ゲスト――観光人類学とはなにか』市野澤潤平・東賢太朗・橋本和也監訳、ミネルヴァ書房、二〇一八年。

込みを団体旅行と同じように処理するシステムが広く普及するようになりました。いまや個人でバラバラに申し込んでも団体割引が可能なのです。

また人と人とのつながり方も変化しています。かつて盛んだった職場旅行は、日本の企業文化の変化によって衰退していきました。個人と個人がつながるための方法も、やはりインターネットの登場によって大きく変化しています。個人で旅行していても、SNSを通じて友人とリアルタイムでつながることも可能となりました。その場にいなくても、スマートフォン越しに人間関係を強化することもできるのかもしれません。

さらに二〇二〇年に発生した新型コロナウイルスの感染拡大によって、そもそも大人数で集まること自体が困難になってしまいました。このような状況で、団体旅行はこのまま消滅してしまうのでしょうか。それでもなくならないとしたら、そこにはどんな魅力が変わらず保持されているのでしょうか。団体旅行は、近代観光の歴史とともに、旅行の現在、そして未来を映す鏡ともいえるでしょう。〔鈴〕

紹介地　　鬼怒川温泉　（栃木県日光市）

アクセス　東武鬼怒川線「鬼怒川温泉駅」まで都心から約2時間。
住所　〒321-2522　栃木県日光市鬼怒川温泉大原（日光市観光協会）
電話　0288-22-1525（同上）

東京をはじめ都市圏の近郊には、かつて団体旅行でにぎわった大型旅館と観光施設がセットになった温泉観光地が点在しています。鬼怒川は、熱海や箱根と並んで関東近郊の代表的な温泉観光地の一つです。温泉街や日光江戸村など周辺の観光地をめぐってみると、観光旅行の今昔を実感することができるでしょう。

国内3

アイヌ文化の「現在」を学ぶ

紹介地　平取町二風谷《にぶたに》（北海道）

先住民族とミュージアム

欧米を中心に、世界にはさまざまな民族文化を展示するミュージアム（民族学博物館）が数多くあります。日本にも、国立民族学博物館（大阪府吹田市）や野外民族博物館リトルワールド（愛知県犬山市）、北海道立北方民族博物館（北海道網走市）など、世界各地の民族文化を紹介するミュージアムがいくつかあります。こうした民族学博物館を訪れることで、わたしたちは、人類文化の多様性や普遍性について理解を深めることができます。

このように、今日高い社会的意義を有している民族学博物館ですが、その歴史を紐解くと、その成立には植民地主義的な力学が強く作用してきたことが分かります[1]。ヨーロッパで誕生した民族学博物館は、当時の西欧列強が圧倒的な政治力と経済力

[1] 吉田憲司『文化の「発見」——驚異の部屋からヴァーチャル・ミュージアムまで』岩波書店、一九九九年。

を背景に、植民地のさまざまな産物を収集し、展示することから始まったものでした。その展示のあり方も、かつては「西洋＝文明／非西洋＝未開」という社会進化論にもとづく図式を再生産することで、西欧列強による植民地主義的介入を正当化する装置ともなってきました。このように、民族文化の収集と展示をめぐっては、西欧列強が一方的に異文化を収集し、展示するという不平等な力関係が見られたのです。

しかし、一九九〇年代以降、北米を中心に先住民族らの権利回復運動が高まってくると、これまで一方的に展示される存在であった人びとが、従来的な博物館展示に異議を申し立てるような動きが生まれてきます。それを受けて、多くのミュージアムでは、展示される側の人びと（ソース・コミュニティ）と協働で展示を制作するなどの取り組みを行なうようになってきました。

さらには、先住民族の人々が、自文化を発信するスペースとして自ら博物館を建設するなどの動きも高まってきています。こうした動向は、北海道の先住民族アイヌにおいてもいくつかの先駆的な試みがみられます。以下では、その代表的な事例の一つである平取町立二風谷アイヌ文化博物館の取り組みを紹介します。

二風谷アイヌ文化博物館

沙流川《さるがわ》流域に位置する平取町は、二〇〇七年に「アイヌの伝統と近代の開拓によ

写真1　二風谷アイヌ文化博物館の外観

る沙流川流域の文化的景観」として重要文化的景観に指定されるなど、生活に根ざしたアイヌ文化の継承が盛んな地域として知られています。そのなかでも二風谷アイヌ文化博物館が立地する二風谷地区は、アイヌにルーツを持つ住民が七割を超すともいわれ、木彫りやオヒョウの木の皮を使った織物アットゥシ織などアイヌ工芸生産の中心的な場所としても知られています。

一九九二年に開館した二風谷アイヌ文化博物館の前身は、二風谷出身で参議院議員を務めた経験もある故萱野《かやの》茂氏が中心になって建設した、二風谷アイヌ文化資料館です。萱野氏は、二風谷を訪れる研究者がアイヌ民具を無断で持ち去るのを危惧し、二〇代の頃からアイヌ民具を少しずつ買い集め、のちにそれらの民具を公開するための私設ミュージアム（二風谷アイヌ文化資料館）を創設します[2]。その後、平取町が新たな博物館設置を計画する中で、萱野氏と町との相談の結果、町が萱野氏のコレクションの大半を買い取り、町立の博物館を設立することを決めました。こうして一九九二年に開館したのが、二風谷アイヌ文化博物館です。これに伴い、萱野氏の資料館は、萱野茂二風谷アイヌ資料館に改組されています。

二風谷アイヌ文化博物館に所蔵されている資料の中心は、二十世紀前半に沙流川流域で使われていたアイヌ民具です。アイヌ文化については地域的多様性が著しいと言われますが、これほどまでに特定地域のまとまったコレクションを有する博物

写真2　経済産業省から「伝統的工芸品」としての認定も受けている「二風谷イタ」（盆）

[2]　萱野茂『アイヌの碑』朝日新聞社、一九九〇年。

館は他になく、萱野茂二風谷アイヌ資料館収蔵の資料と合わせて、一、一二一点が重要有形民俗文化財に指定されています。

しかし、同博物館は、過去のアイヌ文化のみを展示しているわけではありません。たとえば、展示の一角には、現在も活躍している二風谷在住のアイヌ工芸家やその作品を紹介するスペースがあります。また、伝統的な民具だけでなく、アイヌ文様を取り入れた現代アートも展示されています。このように、同博物館では、アイヌ文化がけっして過去のものではなく、現在もさまざまなかたちで受け継がれていることを、メッセージとして強く発信しているのです[3]。

[3] 吉原秀喜「アイヌ・アートと伝統文化の今日的継承――北海道平取地域でのミュージアムの事例を中心に」池田忍編『問いかけるアイヌ・アート』岩波書店、二〇二〇年。

コミュニティ・ミュージアムとしての可能性

そして二風谷では、博物館とアイヌ文化の伝承活動に携わる地域のさまざまな団体・個人とが連携しながら、来館者にアイヌ文化の「現在」を伝える取り組みも行なわれています。たとえば、同博物館が、アイヌ工芸の生産組合である二風谷民芸組合に委託して行なっている木彫りや刺繍の体験学習は、その一例といえるでしょう。日常的に木彫りや刺繍をしない観光客は、博物館でさまざまなアイヌ工芸を見ても、その高い技術についてリアリティをもって理解することは意外と難しいです。しかし、いざ自分で実際に体験してみると、一つひとつの作業がいかに難し

写真3　復元されたアイヌの伝統家屋チセ

く、高い技術を要するものであるか、身をもって体感します。このように体験学習は、観光客のアイヌ工芸に対するまなざしを変容させる可能性をもつものといえるでしょう。

また、体験学習の場は、木彫りや刺繍といったアイヌ工芸を体験するだけにとどまらず、アイヌ文化の伝承活動に携わってきた工芸家の方々から、二風谷の暮らしや自身のアイヌ文化へのかかわりなど、さまざまな話を聞く機会ともなっています。

こうした地元のアイヌ文化伝承者の方々との出会いや交流の機会は、体験学習以外の場面でもみられます。たとえば、二〇一三年から行なわれている「ユカラと語り部」と呼ばれる取り組みもその一例といえるでしょう。「ユカラと語り部」とは、六～九月の毎週土曜日に行なわれる、地域住民によるアイヌ口承文芸ユカラの上演のことです。そこでは、アイヌ語やアイヌの口承文学の伝承活動を行なっている地域住民が、博物館周辺に復元されているアイヌの伝統家屋チセに集まって、ユカラを披露するとともに、自身の二風谷での暮らしについてさまざまな話をしてくれます。

博物館学では、ミュージアムと地域コミュニティが相互に連携しながら諸活動を行なっていくことを、コミュニティ・ミュージアムと呼んでいます。地域全体をミュージアムとしてとらえ、地域の人びとと協働で文化遺産を継承していく試みであ

［4］布谷和夫・吉田憲司「地域コミュニティと博物館」吉田憲司編『改訂新版 博物館概論』放送大学教育振興会、二〇一一年。

写真4　地元工芸家の工房での体験学習

り、エコミュージアムと呼ばれることもあります。[4] 二風谷の取り組みは、まさにコミュニティ・ミュージアムの好例といえるでしょう。

二風谷では、体験学習や周辺の工房訪問等を通じて、地域の人びとと直接交流する機会が豊富にあります。言い換えれば、特定の顔と名前をもった個別具体的な出会いと対話が、来訪者と地域住民の間に生まれる余地があるということです。

異文化に向き合う際、わたしたちは「アイヌ」「先住民族」など、カテゴリーで相手をとらえがちです。しかし、カテゴリーで一枚岩的に異文化をとらえるような姿勢は、自己・他者間の境界を固定化し、相手をステレオタイプに見ることにもつながる場合があります。それに対して、アイヌ文化の伝承者の方々との個別具体的な出会いや対話を提供するコミュニティ・ミュージアムのような取り組みは、画一的な「アイヌ」像を融解し、多面的かつ重層的な理解につながる可能性を秘めているといえます。異文化に向き合う際、カテゴリー化の罠にいかに抗うことができるのか、こうした問い対して思索を深めていくこともまた、ツーリズム・リテラシーの一つの課題といえるでしょう。〈須〉

紹介地　　二風谷アイヌ文化博物館　（北海道・平取町）

アクセス　新千歳空港より車で約１時間。
住所　〒055-0101　北海道沙流郡平取町二風谷55
電話　01457-2-2892

博物館の展示を見たら、周辺を散策してみよう。地元のアイヌ工芸家の工房が点在しており、夏季には復元されたチセ（アイヌの伝統家屋）で、工芸実演やユカㇻと呼ばれるアイヌ口承文芸を聞くこともできます。

国内4

旅するおみやげ

紹介地　箱根町立郷土資料館（神奈川県）

おみやげ＝その土地の産物？

観光地に行けば、多種多様なおみやげが店先に並んでいる姿を目にすることができます。旅行に出かけたら、多くの人が自分のため、あるいは家族や友人のためにおみやげを買って帰りますし、おみやげ選びは旅行の一つの楽しみといえるかもしれません。では、みなさんはどんな基準でおみやげを選んでいるでしょうか。

せっかく旅行に行ったのだから、その土地ならではのものがほしいという方も多いでしょう。漢字で書けば「お土産」、すなわち「その土地の産物」です。その地域の原材料を使って伝統の技術によって熟練の職人さんがつくった逸品であれば、またとない価値あるおみやげとなるかもしれません。観光研究ではこのような価値のある「ホンモノ」のおみやげを真正性という概念でとらえてきました[1]。

[1] 観光みやげの真正性については以下の文献で詳しく論じられています。橋本和也『観光経験の人類学―みやげものとガイドの「ものがたり」をめぐって』世界思想社、二〇一一年。

しかし実際にみなさんが買っているおみやげは、その土地の産物とは限りません。どこの観光地にもあるクッキーやお饅頭《まんじゅう》などの菓子類は、パッケージに地名が書かれていたり、「地域限定発売」であったりしても、実際にはその観光地以外の場所で製造されていることも少なくありません。パッケージの裏面には、「販売者名」が書かれていても、「製造者名」や「生産地」が書かれていないことも多いのです。ご存知「ハイチュウ」や「プリッツ」のような大手メーカーの地域限定商品は各観光地で人気ですが、すべてがその地域で生産されているわけではありません。

旅行の記憶と贈り物（ギフト）

ではなぜ「土地の産物」ではないおみやげでも人気になるのでしょうか。それは、おみやげが旅行の想い出や記憶を持ち帰るものであること、そして旅行後に家族や友人知人に贈るギフトでもあるからです。自分がそこを訪れた証拠や旅行の想い出を語るための媒体となれば、その土地の名産物でなくてもおみやげになりえます。極端な話、海岸で拾った貝殻だって、ビーチリゾートで過ごした楽しい夏休みの思い出を語るおみやげになることでしょう。

また、おみやげがギフトであるならば、相手のことを考えて選ぶ必要があります。人類社会における贈与交換について論じたモースの古典的名著『贈与論』で

写真1　大手メーカーの商品が並ぶおみやげ売り場

は、「贈る」「受け取る」「お返しをする」という三つの義務の存在が指摘されています[2]。旅行に行ったならいつもお世話になっている家族、部活・サークルやアルバイトの仲間におみやげを贈らなければなりません。贈られた側はそれを受け取らなければならず、次に自分が旅行をした際にはお返しをしなければなりません。

その際に重要なのは、そこで選ばれる品には、贈りやすいもの、受け取りやすいもの、お返しのしやすいものが求められるということです。たとえばその土地の産物といっても、新潟名産の南蛮エビを生のまま一箱持ち帰るのは大変ですし、クラスメイトやアルバイト先の仲間に一匹ずつ配るのもなんか変です。受け取る側も生のエビをそのまま渡されても「いらない」とも言えずどうしていいのか困ってしまいますし、何をお返ししたらよいのか途方に暮れるでしょう。だったら、小分けに包装された新潟限定発売の「柿の種南蛮エビ味」のほうが贈る側にも受け取る側にも都合がよいのです。先ほど挙げたどこの観光地にもあるお菓子類のおみやげやご当地キティをはじめとした雑貨類は、その土地の産物でなかったとしても旅の記念品になるだけでなく、このような贈与交換の文脈においては非常に適した品なのです。

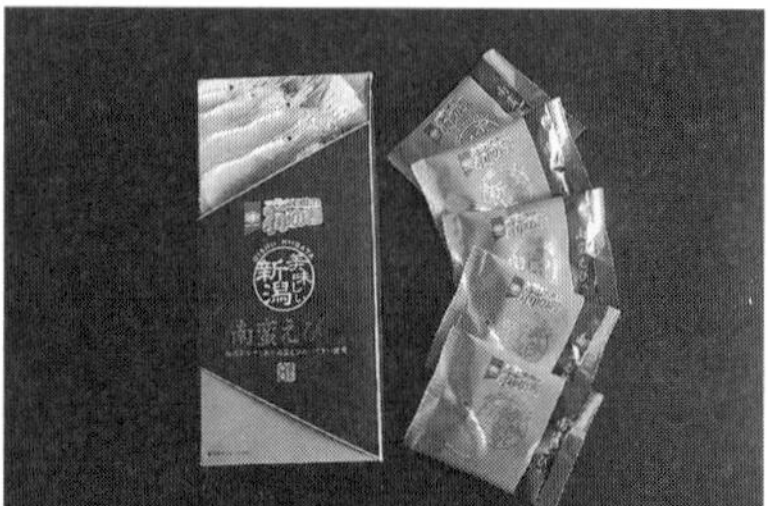

写真2　小分けになった菓子類みやげ（柿の種南蛮エビ味）

[2]　マルセル・モース『贈与論他二篇』森山工訳、岩波書店、二〇一四年。

[3]　木工産地箱根の歴史については以下の文献で詳しく紹介されています。岩崎宗純『箱根細工物語』神奈川新聞社、一九八八年。

マトリョーシカの旅

さらに、おみやげを「その土地の産物」ととらえる視点は、そもそもおみやげが移動の中でかたちづくられたものであるということを見逃してしまう危険をはらんでいます。いまや小麦粉や砂糖をはじめ菓子類のおみやげの原材料の多くは輸入に頼っていますし、キーホルダーなどの雑貨類はほとんどが地域外、場合によっては中国をはじめとした海外で生産されています。それだけではなく、その地域の伝統的な民芸品と考えられているものであっても、歴史をたどればほかの場所にルーツがあるものも少なくありません。

ロシアの民芸品マトリョーシカをご存知でしょうか。スカーフをまいた女の子の図柄が描かれた木工人形で、大きな人形の中から次々と小さな人形が出てくる「入れ子細工」になっています。最近では雑貨のモチーフとしても人気です。

このマトリョーシカは、江戸時代に現在の神奈川県箱根で売られていた入れ子細工の七福神人形が、ルーツといわれています。当時の箱根は、湯治場や東海道の宿場として栄え、おみやげ用の木工細工が盛んでした[3]。明治時代になると、避暑のために外国人が訪れるようになり、別荘も建設されます。その中の一つ、日本正教会箱根避暑館を訪れたロシア人が七福神人形をおみやげとして母国に持ち帰り、世界の子供向け玩具のコレクションをしていた富豪マモントフ家の手にわたったとされ

［4］「世界の工場」中国は、世界各地におみやげ用マトリョーシカを輸出しています。ただし平安時代の日本に入れ子細工を伝えたのも中国とされているので、マトリョーシカの「ルーツのルーツ」の場所といえるかもしれません。

写真3　みやげ店に並ぶマトリョーシカ（ロシア・モスクワ）

ています。芸術や教育の振興に熱心に取り組んでいたマモントフ家は、お抱えのアーティストに七福神人形をヒントにした子ども向けのおもちゃとしてマトリョーシカをつくらせたというのです。マトリョーシカの代表的な生産地であるロシア・セルギエフポサードの博物館には、今でもマトリョーシカ第一号のヒントとなったマモントフ家ゆかりの七福神人形が展示されています。

その後マトリョーシカは、一九〇〇年のパリ万博に出品され銅賞を獲得したことで世界的に有名になり、ロシアを代表する民芸品になりました。さらに現在ではロシアだけでなく、世界中のさまざまな国でおみやげになっています。中国ではパンダ、ハワイではフラガール、日本では忍者や着物の柄をしたマトリョーシカが売られていますし、ヨーロッパや東南アジア諸国でもそれぞれ特徴的なマトリョーシカがおみやげになっています[4]。神奈川県箱根町の郷土資料館には、ルーツとなった七福神人形と並んでマトリョーシカが展示されていますが、こちらは箱根を訪れたロシアのテレビ局のクルーから贈られたものです。

おみやげから読み解く移動のルート

おみやげを、「その土地独自の不変の存在」としてのみとらえることは、必ずしも適切ではありません。古くから人間は常に移動しながら暮らしてきましたし、現

写真4　セルギエフポサード玩具博物館の七福神人形展示

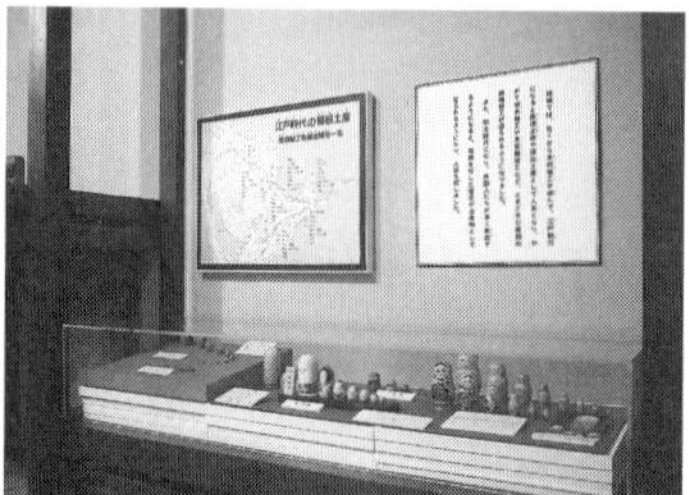

写真5　七福神とマトリョーシカの展示（箱根町立郷土資料館）

代においては膨大な数の観光客が世界を旅しています。人の移動による出会いを通じて新たに生み出されてきた文化がその土地に根づき、今では観光客を惹きつける存在となっていることも少なくありません。であるとすれば、文化をその土地に固定されたものとしてとらえるのではなく、移動の中からつくりだされる存在としてとらえる視点が必要となります。マトリョーシカは、まさにその代表例です。箱根がルーツであるということはもちろん興味深いのですが、むしろ観光みやげとしていまや全世界で売られているマトリョーシカが経験した旅の道程や経路、いわばルートについて考えることこそが、観光という人の移動が文化のあり方に有している意味を考えるうえでは重要であると言えます。

みなさんが旅先で見つけた何気ないおみやげも、もしかしたら世界中を旅してきたものかもしれません。観光旅行に出かけたら、みやげ物屋の店先でそんなことに思いをはせてみてはいかがでしょうか。〔鈴〕

紹介地　箱根町立郷土資料館（神奈川県・箱根町）

アクセス　箱根登山鉄道「箱根湯本駅」徒歩５分。
住所　〒250-0311　神奈川県足柄下郡箱根町湯本266
電話　0460-85-7601（箱根町教育委員会生涯学習課）

日本を代表する温泉地箱根の玄関口、箱根湯本。駅前のみやげもの屋街からもほど近いこの資料館には、マトリョーシカとそのルーツの七福神人形が並んで展示されているほか、観光地箱根の成立過程に焦点を当てた興味深い展示があり、おみやげの今昔を知ることができます。

方法1

地球の各地でちょっと暮らしながら学ぶ方法

紹介地　ブリティッシュ・カウンシル（東京都）

中期留学とは

ここでは「中期留学」という海外渡航の方法について考えてみたいと思います。それは外国の教育機関が提供する多様なプログラムを受講する、学位や単位の取得を目指さない一か月から半年ほどの留学です。

たとえば日本の大学で授業がない夏や春に一〜二か月、あるいは就職活動を終えた四年生がゼミの先生などに相談して数か月、以前から行ってみたかった場所へ渡航するのが大学生の中期留学の一例です。なかでも自分の大学では学べないテーマやフィールドにチャレンジする中期留学には、海外旅行では味わえない渡航先での学習と生活の体験と、一年あまりの長期留学にはない自由度を期待することができます。[1]

[1]「中期留学」はここでの造語であり、とくに定まった定義や通説はありません。またここでの議論とは異なる意味で「中期留学」を用いる留学あっせん業者や大学もあるため、その内容に注意してください。

もちろん数か月の滞在では海外旅行と変わらない、学位を取得しないならば留学とはいえない、という考え方もあるかもしれません。しかし多様な「移動のかたち（mobilities）」が可能になった現在、海外留学の方法も一つではなく、複数の道があってもよいと考えられます。

そして「海外旅行の自由度と留学の濃度」をブレンドしたような中期留学は、一年以上の長期留学は経済的・精神的にハードルが高いものの、できれば若いうちに海外留学してみたい、という人に向いている選択肢の一つです。

多彩な講座と多様な可能性

近年では、中期留学という名称のプログラムを提供する日本の大学もありますが、その大半は一か月程度の短期留学と同様に、英語を主とする語学研修に集中しています。しかしサマースクール（夏期集中授業）の伝統を有する欧米の教育機関では語学だけでなく、アート、スポーツ、ボランティア、インターンシップなど、さまざまなテーマと期間のプログラムが数多く提供されています。

たとえばイギリスには、ウェストミンスター大学（University of Westminster）やロンドン・メトロポリタン大学（London Metropolitan University）など、多種多様な留学制度（study abroad）や短期講座（short courses）を提供する大学が多くあり

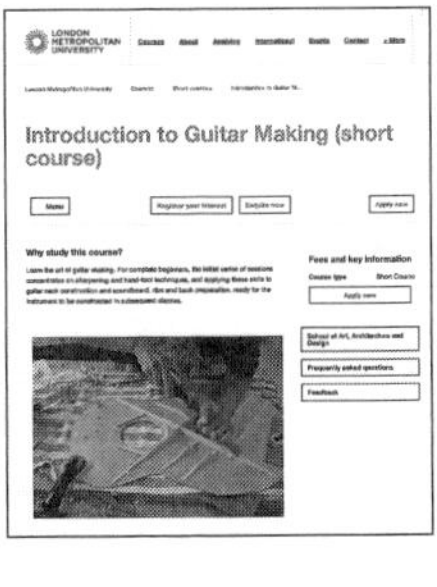

写真1　ギターを作る短期講座（英国・ロンドン・メトロポリタン大学）

ます。そこでは写真術の実技を習ったり、ツーリズム産業のインターンシップに参加したり、ギターや革靴を自作する講座などもあります。さらに欧米のほか韓国、中国、台湾、シンガポール、メキシコなどにも、中期留学に適したプログラムを提供する教育機関があります。

中期留学では一つの国や大学に数か月続けて滞在するのも一手ですが、たとえば日本で所属する大学で第一外国語に英語、第二外国語にフランス語を選択したならば、イギリスとフランスに半分ずつ滞在することもできます。同様に韓国やスペインに夏休みごとに滞在したり、昔から興味のある地域のプログラムに数か月ほど在学するなど、自由にアレンジして独自の多文化体験を創出することもできます。いわゆる短期留学が語学研修に集中するのに対し、中期留学の可能性は自ら押し広げていくことができます。[2]

情報収集が成否を決める

中期留学の成否は、情報収集で決まります。インターネットで世界各地の教育機関を検索するだけでなく、大使館や留学関連イベントなどで情報を収集し、まずは複数のプログラムを比較して連絡することをおすすめします。交渉次第では入学時期や学費や受講資格（語学力や基礎知識など）を有利に調整してくれることもあり

[2]　ここでは大学をはじめとする高等教育機関の短期講座やサマースクールを想定していますが、オーストラリアやイギリスなどでは大学の公開講座（エクステンション・センター、オープン・コースなど）にも魅力的なプログラムが多々あります。語学留学中にそうした公開講座を受講することで、現地の年齢が異なる人たちと出会うきっかけにもなり、ミニ「中期留学」としておすすめです。

ます。大学や国際交流サークルや友人から留学経験者を紹介してもらい、生きた情報を得るのも良い方法です。

そうして希望のプログラムを探し出して自分で手配できれば、同じ期間の海外旅行とほぼ同じ程度の費用で中期留学を実現することも可能です。なお留学先の選定や留学中の支援などを有償で提供する団体や専門業者もありますが、必要な手続きを代行してくれるだけに費用は高額になります。中期留学に適したプログラムは滞在期間が短く修学ビザの取得が不要な場合が多いため、まずは留学の練習も兼ねてメールやファックスで直接に行き先へ連絡し、オリジナルな海外渡航の体験を自力でつくりあげることをおすすめします。

このとき有名な大学や人気都市の学校にアクセスするのも良いですが、日本ではあまり知られていない地域や国にもひと味違ったプログラムがあり、留学生の受け入れに積極的な教育機関もあります。中期留学では良い情報を早めに入手して、渡航前に交渉して十分に準備することがとても重要です。

中期留学のメリット

こうした中期留学には、どのようなメリットがあるでしょうか。たとえばホテルに泊まる海外旅行とは異なり、中期留学では学生寮やシェア・フラット（一戸建て

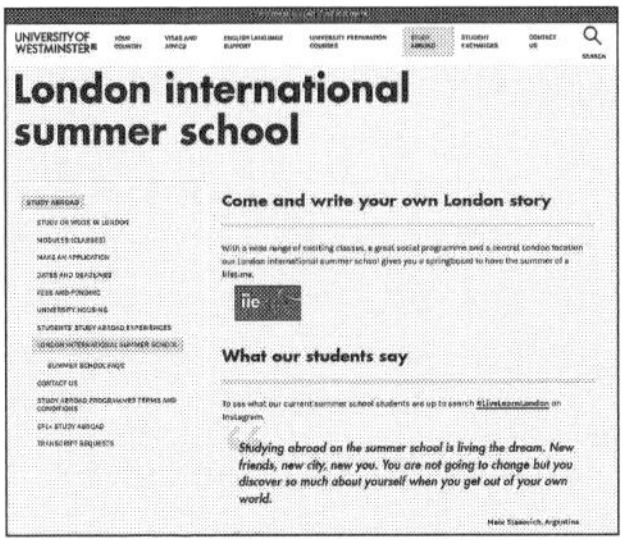

写真2　多彩なサマースクール（英国・ウェストミンスター大学）

の共同住宅）に滞在して他の学生たちと自炊したり、ホームステイすることが一般的です。そのため旅行者よりも生活者の目線から、滞在する土地での生活を体験することもできます[3]。

もちろん海外の教育機関に通うため、（一）語学の習得と、（二）新しい分野やテーマへの挑戦が可能であり、（三）世界各地から集まった留学生や現地の人たちと交流することもできます。さらに学ぶテーマが明確な中期留学では（四）同じ興味や関心を持つ仲間と出会うことも望めます。そこには、日本からの留学生も含まれます。

[3] さらに上級編として、大学の公開講座やコミュニティ・センター（公民館）などの市民講座を現地やネットで見つけて参加すると、現地の人々と一緒に楽しく学ぶ方法もあります。airbnb（エアビーアンドビー）などの民泊サービスを活用して長く滞在し、単発の講座を受講するなど、工夫次第で学ぶ方法はいろいろあります。

「国」を越えた「人」の交流へ

ときどき、留学先に日本人がいないことを喜ぶ、あるいは日本人との交流を極力避ける日本人留学生の姿を見聞きしますが、それは少し視野の狭い発想にも思えます。もしも語学の習得に支障があると考えるならば、他の留学生や現地の学生も交えて日本語ではなく現地の言語で会話すればいいはずです。興味や関心が似ていて、とても仲良くなれるかもしれないのに、同じ国籍だからといって日本人が日本人を避ける理由はありません。

この反対に、他の留学生や現地のクラスで「日本人であること」を求められたとしても、そうしたナショナリティ（国籍）を過剰に引き受ける必要もありません。たとえば留学先で「日本文化」を紹介するため、慣れない浴衣や半被を着たり、初めて「さくら」の歌を暗記して人前で披露する日本人留学生を見かけたことがあります。そうした他者のイメージに自己をすり合わせるセルフ・オリエンタリズムの思考を続けているかぎり、どれほど海外経験が豊富でも、その人は「日本人」にはなれても「わたし」にはなれないかもしれません。

国籍や出身地で交流の機会をつくったり避けたりせず、人と人の交流を楽しむことで、地球の各地で暮らしながら学ぶ体験は、さらに豊かになるはずです。

中期留学は、そうした「人」の交流の一方法です。海外旅行や長期留学など別の方法と柔軟に組み合わせて、あるいは卒業後にも数年ほど準備して国境を越えるトランスナショナルな想像力を実践できれば、きっと多様な出会いを楽しむことができます。〔山〕

紹介地　　ブリティッシュ・カウンシル　（東京都）

アクセス　JR「飯田橋駅」徒歩４分。
住所　〒162-0825　東京都新宿区神楽坂1-2（大阪にもある）
電話　03-3235-8031（代表）

英国留学の情報を提供する、英国政府の公的交流機関。多彩な留学制度を開発してきた英国の大学は、中期留学の入門編に適しています。ただし、この機関では中期留学を紹介する特別なサービスはないため、自力でプログラムを探す必要があります。

方法2　**表現するツーリズム**

紹介サイト　しまうまプリント（写真集制作サービス）

旅とカメラの関係

ある著名な紀行作家が、旅にはカメラを持って行くべきではない、と書いていました。写真を撮ることに集中するあまり、旅先の人びとや風景と触れ合うことを疎《おろそ》かにしてしまうため、カメラは旅を貧しくする、という話でした。

たしかにカメラのファインダーをのぞくとき、人は片目を閉じて、四角く切り取られた小さな世界を凝視します。そして観光地では、写真を撮ったことに満足して、肉眼ではほとんど見学せずにその場を立ち去るツーリストの姿も見かけます。

しかし本当に、カメラは旅の価値を損なうメディアでしょうか。たとえば旅先で出会った人にカメラを向けること、またカメラを手渡して自分を撮影してもらうことで、思わぬ交流が生まれることもあります。よい写真を求めて旅先をじっくり観察することで、予期せぬ発見をすることもあります。そうしてカメラは、よく見るための道具にもなります。

このときカメラは、眼鏡に似ている、といえるかもしれません。人は、よく見るために、眼鏡をかけます。そして眼鏡を常用する人は、眼鏡をかけたときに「見える」といい、眼鏡を外して裸眼でみるとき「見えない」といいます[1]。

しかし何も介さない裸眼こそが「本物」の世界を見ているのであり、眼鏡というメディアで矯正された眼には「偽物」の世界が映し出されているのかもしれません。それでも、眼鏡をかければ「偽物」の世界に生き続けることになると思い悩む人は、いないでしょう。むしろ自分に適した眼鏡を手に入れれば、よりよく見えるようになる、と思うはずです。

ここでの焦点は、眼鏡の有無ではなく、どんな眼鏡でいかに見るのか、という水準にあります。そのため旅とカメラの関係も、そのメディアの有無ではなく、それをどのように使い、何を意識して見るのか――いかに「観る」のか、という水準で問うことができます。

きっかけとしてのメディア

こうした考え方を推し進めると、カメラを旅に持っていくだけでなく、より積極

[1] ここでの議論は、柿田秀樹・若森栄樹編『〈見える〉を問い直す』(彩流社、二〇一七年)に収められたいくつかの論考をおもに参照しました。なお旅とカメラ(または写真)の関係については数多の論者が魅力的な論点を展開してきたため、観光研究の重要なテーマです。

的によく「観る」ためのツーリズムの方法を構想することができます。たとえば旅先で撮影した写真をもとに、オリジナルの写真集（フォトブック）を制作することを、取り上げたいと思います。

これらは昔からある写真観光（フォト・ツーリズム）の一種ですが、ここでは写真集の制作が目的ではなく、カメラをメディアとしてよりよく「観る」こと、そしてその体験を写真集のかたちで表現することが狙いです。とくにインターネットには数百円で何十ページものきれいな写真集をつくることができるサービスが多数あり、もっと値が張りますが高画質でハードカバーの本格派写真集を一冊から制作できるサイトもあります。

これらの写真集サービスを活用して、よく「観る」ツーリズムに出かけてみるのは、いかがでしょうか。たとえば旅行中に撮影した数多の写真を帰宅後に再び「観る」ことで写真集を構成することはもちろん、テーマを予《あらかじ》め決めてから旅に出ることで、自分の「観る」体験を意識化して表現するような、独自の写真集を制作することもできます。

このとき「写真集をつくって終わり」ではなく、ぜひ友人や家族などに見せること、そして感想を聞くことをおすすめします。自分ひとりでは気づかない視点や考え方を、さまざまな他者から得ることができれば、自らの「観る」ことそのものを

写真1　ネットで制作した写真集の例

再考して、さらに探究していくこともできるからです。

具体的な方法と狙い

このような写真集の制作をきっかけとする「表現するツーリズム」には、いろいろな応用の方法が考えられます。たとえば（一）自分の生活空間（自宅、学校や職場、町など）の写真集をつくることで、これまで気づかなかった発見や出会いを体験できるかもしれません。（二）友人と一緒に旅してお互いを撮り合う、数人で旅して一つの場所やテーマで撮影するなど、それぞれの異なる視点が映し出されたグループ写真集をつくることもできます。（三）同じ場所を数か月から数年の後に再訪して写真集をその度ごとにつくると、そこに「観る」ものが異なるかもしれません。それは場所の変化とともに自分の変化にも気づく再発見の機会になるでしょう。（四）旅先での体験や旅の前後に調べた情報をもとに文章を執筆し、写真とあわせてレイアウトすることで、オリジナルの写真紀行書やフォト・エッセイ作品を制作することができます。

これらの方法をアレンジして、さらに多様な「観る」方法を実践することも可能です。そのうえで、ここでも大切にしたいのは「写真集をつくって終わり」ではなく、写真集を介してコミュニケーションすることです。自分が撮った写真を他者に

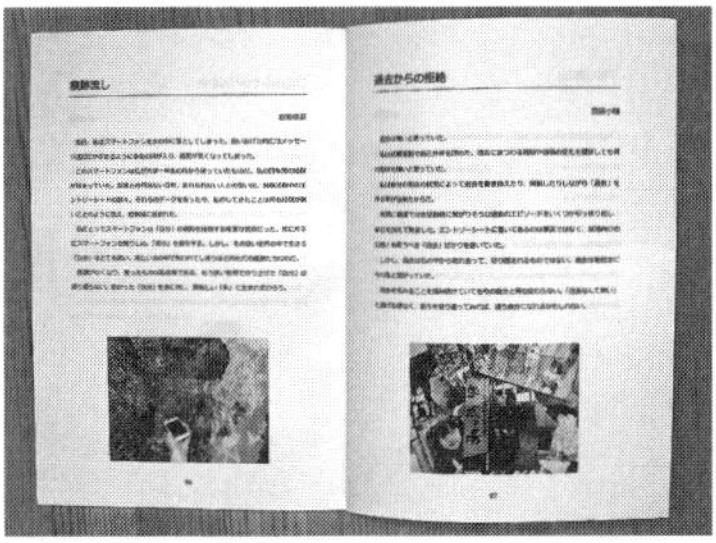

写真2　雑誌や書籍を一冊からつくれるサービスもある

提示し、自分の視点を他者へ伝わるよう言語化し、さらにうまく表現することを試みること。ときに意外な感想や予期せぬ批評をもらい、異なる視点と出会うこと。そうして自己完結せずに他者と交流しながら「観る」ことを楽しむ一手として、「表現するツーリズム」があります。

「観る」ことを表現するツーリズムへ

「じっさい、観光はたいていが、写真になりそうなところを探し求める行為となった。ときには、観光旅行は写真蒐集のための方策ではないかと思われることがある」と、J・アーリとJ・ラースンは『観光のまなざし』という著書でクリティカルに述べています。スマートフォンに高性能のカメラが搭載され、インターネットではさまざまな画像共有サービスが利用できる現在、観光と写真の関係はさらに密接になっていく一方です。[2]

そうした時代だからこそ、観光を通じて自らの「観る」体験を再考し、ひとりで満足せずに表現と交流を楽しむ観光の方法が探究されてもいいと思います。いろいろな眼鏡があるように、いろいろなカメラがあり、さまざまな「観る」ための方法と体験があります。

これらの方法は、高価なデジタル一眼レフでなくてもスマートフォンのカメラで

[2] J・アーリ&J・ラースン(加太宏邦訳)『観光のまなざし 増補改訂版』(法政大学出版局、二〇一四年)第七章と第八章では「観光と写真」について議論されています。それらは「表現するツーリズム」を考える基礎となるため、一読をおすすめします。

十分に実現できます。また写真集に限定せず、たとえば紙製のアルバムや絵葉書、オンラインのスライドショーやスクラップブックを自作するなど、他の方法もたくさん考えられます。

大切なのは、自らの「見る」ことを「見る」という再帰的な体験であり、そうして「観る」ことを表現するツーリズム・リテラシーを実践できれば、さらに新たな世界が「観えて」くるはずです。

次の旅では、いつもより写真を多く撮り、まずは数百円の写真集を気軽につくって、友人や家族や同級生などとシェアしてもらうのは、いかがでしょうか。〈山〉

紹介サイト　しまうまプリント（写真集制作サービス）

https://n-pri.jp/

写真集を制作するサービスはインターネット上に多数あります。その一つ、「しまうまプリント」はページ数やレイアウトなどに制限がありますが、文庫本サイズの「フォトブック」を送料込みで500円以下で、A５サイズのハードカバーでも2000円ほどで制作できます。より高価ですが自由なレイアウトと高品質の写真集で知られるサービスも多数あるため、いろいろ楽しんで選んでください。

4章　ツーリズム・リテラシーの学術的理解

この章では、ツーリズム・リテラシーの学術的な背景を知ることで、その考え方をより深く理解し、観光の可能性をさらに探究していくための道筋を考えます。

これまでよりも専門的で難しい議論が続きますが、ここに書かれたすべてを把握《はあく》しなければツーリズム・リテラシーは実践できない、というものではありません。この章はツーリズム・リテラシーがどのような学術的な思考と精神のもとに構想されているのかを了解し、それぞれが独自のツーリズム・リテラシーを実践していくための材料を俯瞰《ふかん》するための、いわば応用編です[1]。

一　リテラシーと観光

リテラシーの系譜と新たな特徴

そもそもリテラシーとは、何でしょうか。たとえば本書の1章でも記したように、リテラシー（Literacy）とは、文字を読み書きする能力、つまり識字力を意味する英単語です。その語源は「教育を受けた、教養のある」を意味するラテン語のリテラタス（literatus）にさかのぼることができる古い語ですが、リテラシーという概念を整備して現在の用法を形作った人物に、二〇世紀初頭のイギリスの英文学者F・R・リーヴィスがいます。

［1］　本書の1章が大学生向けの入門編とすれば、この4章は何度か読み返し、または数か月や数年の後に読み直すことで理解を深めていき、さらに別の文献を手にとるための理論編であり、無理してすべてを読解する必要はないと考えます。

第一次世界大戦後、経済的な活況に沸くアメリカで花開いた大衆文化がイギリスへ流入し、おもに若者たちがアメリカ化していく状況に危機感を覚えたリーヴィスは、シェークスピアやミルトンなど古典英文学の精読（スクルティニー）を通じて教養を高め、大衆向けの映画や広告や小説などの「低俗な商業文化」からイギリスを守る防波堤として、リテラシー教育を構想しました。古典英文学の精読を主眼とするリテラシー教育はイギリス国内で多くの賛同者を得ましたが、他方でその保護主義的で教条主義的な発想には、批判も寄せられました[2]。

やがて第二次世界大戦後のカナダを舞台に、メディア・リテラシーという概念が整備されました。かつてイギリスではリテラシー教育に文化的な防波堤の役割が期待されましたが、時を経てラジオやテレビが世界中に普及し、なかでもアメリカ発のテレビ番組が人気を博すようになると、その隣国のカナダではライフスタイルのアメリカ化が問題視され、新たなメディアに対するリテラシー教育への機運が高まりました。とくに性や余暇や消費をめぐる「低俗なメッセージ」を発信するアメリカのテレビ番組や雑誌や広告を批判的に読み解き、良識ある市民を守り育てるためのメディア・リテラシー教育が開発されていき、数学や歴史などと並ぶ正規科目として取り入れる学校も現われました。

こうして文学の時代のリテラシー教育は、テレビの時代のメディア・リテラシー

［2］ そもそも「文化」とは何か、なぜ古典的な英文学の精読が「文化」になりうるのか、そうした問いを探究した名著にT・イーグルトンの『文化とは何か』（大橋洋一訳、松柏社、二〇〇六年）をはじめ、同氏の一連の著作があります。またR・ウィリアムズの研究もぜひ一読されたいものの、訳書は分厚くて入手が難しいものが多いため、まずは『テレビジョン――テクノロジーと文化の形成』（木村茂雄・山田雄三訳、ミネルヴァ書房、二〇二〇年）をおすすめします。

教育へ受け継がれ、それらは日本でも一九八〇年代ごろから紹介されてきました。そのうえで本書が参考にするのは、こうしたアメリカ化に対する文化の防波堤としてのリテラシー教育の系譜を理解しつつ、それを批判的に再考して新たなメディア・リテラシーのあり方を提唱した、二〇〇〇年代の日本における水越伸とその研究グループ「メルプロジェクト」の成果です[3]。

水越たちの活動は多岐にわたり、その成果は多くの出版物などで公開されているため、ここでは観光に照準する本書の観点から次の三点に絞り、その新たなメディア・リテラシーの概念を参照します。すなわち二一世紀の日本で新たな展開をみせたメディア・リテラシーは、文化の防波堤としての保護主義的で教条主義的なリテラシー概念を批判的に再考したうえで、(一) 意識的、自覚的、そして段階的に学び習う文化的な技能としてリテラシーをとらえ、(二) 古典的で普遍的な「規範(モデル)」を設定してそれを一方的に教えることではなく、つねに社会的につくり変えられていくという可変的で開かれた「技能(スキル)」として自ら実践していくことを重視し、(三) その習得の先には「読み解く」「取捨選択する」などの受信(インプット)だけでなく、メディアを自ら使いこなして「表現」するという発信(アウトプット)も志向することが、構想されていると考えられます。

このうち(一)の文化的な技能としてのリテラシーという考え方は本書の「はじ

[3] メディア・リテラシーを深く理解するための文献は、水越伸・東京大学情報学環メルプロジェクト編『メディアリテラシー・ワークショップ――情報社会を学ぶ、遊ぶ、表現する』(東京大学出版会、二〇〇九年)、水越伸・吉見俊哉『メディア・プラクティス――媒体を創って世界を変える』(せりか書房、二〇〇三年)などがあります。なお、水越伸が放送大学で担当してきた『二一世紀メディア論』(二〇一一年初版)や『メディア論』(飯田豊・劉雪雁と共著、二〇一八年初版)などの授業のテキスト(教科書)が、とても読みやすく明解に解説されているため、入手できればこちらを先に読むことをおすすめします。

めに」で、また（二）のリテラシーの構築主義的理解は本書の1章の「観光は人をつくり、社会をつくる」という観光の螺旋に、それぞれ援用していますが、（三）の発信と表現を志向するリテラシーこそ、水越たちによる新たなメディア・リテラシー論の特徴であり、ツーリズム・リテラシーがぜひとも学びとりたい考え方です。[4]

表現としての観光

この自ら発信して「表現」する観光とは、いったい何でしょうか。そもそも世界を「観る」体験として、いわば受信を主とする観光に、発信し表現することなど可能なのでしょうか。

たとえばメディア・リテラシーの場合では、実際にテレビやラジオの番組を制作するプログラム、また新聞や雑誌などの記事を書いたり編集をしたりするプログラムを体験することが考えられます。そうして普段は受信者の側にいる人びとが発信者の視点を体験し、さまざまな情報を取捨選択して加工し、一つの表現として作り上げるプログラムを体験することは、リテラシーを深化させるトレーニングとしてきわめて有効であり、さまざまな効果を期待できます。単にメディアを批判的に読み解くばかりではなく、メディアとともに生きる成熟した技能を持つ人が増え、や

[4] リテラシーという言葉は「文字の文化」（W・J・オング）に関する用語であるため、それをメディアそしてツーリズムに適用することの意味は、改めて検討する必要があります。また本書の1章で論じた「観る」（gaze）とリテラシーの関係も重要な研究テーマとなるため、ツーリズム・リテラシーの概念を精緻化する作業がさらに必要です。

がて次世代のメディア表現者たちがそのなかから現われることも十分に考えられるため、よりよいオーディエンスが増えることは、結果としてよりよいメディア文化を醸成しますし、それはメディアの産業界にとっても恩恵をもたらします。

すると観光では、何ができるでしょうか。たとえばツアーを企画して理想の旅程を作ったり、ガイドになって自分のまちを調べて案内したり、あるいは友人や知人を自宅に招いて理想のホテルやレストランのような「おもてなし」を試みるなど、発信者の側を体験する活動やプログラムはたくさんあり、すでにいくつも実践されています。そしてメディアと比較すると観光には、より取り組みやすく実践しやすい発信と表現の機会にあふれています。たとえば上述のプログラムの他にも、旅先で撮影した写真をＳＮＳで発信したり、レビューサイトにクチコミを投稿したり、使用した入場券や切符や地図を集めてスクラップ・ブックを制作して人にみせたり、写真集を制作して仲間で共有することなどができます。[5]

このとき重要なのは、自らの観光の体験を他の人に話したり、写真をみせたり、ネットなどを通じて公開したりすることで「伝える」ことであり、自分の観光を自分ひとりで終わらせないことが、観光における表現の元素となります。

そうして観光を発信することの意義が理解され、自らの観光の体験を「伝える」ことが成熟して広まっていけば、それを実践する個人のツーリズム・リテラシーが

[5] このほかにも身体的な移動をともなう観光には、さまざまな体験の機会を創出することが比較的容易にできるため、リテラシーのトレーニングに適しています。

高まるだけでなく、さまざまな観光の表現が世の中に花開き、もっと多様で豊かな社会へとつくり変えていく道へと、つなげていくことも期待できます。

このように表現する観光は、ツーリズム・リテラシーにとって核心的な価値を持ちます。とくに世界を「観る」体験としての観光が「人をつくり、社会をつくる」回路になっていくためには、その具体的な技法と実践の方法をさらに研究し開発していく必要があります。そうした作業を進める前に、本書ではツーリズム・リテラシーをめぐるもう一つの重要な概念について考察し、その理解を試みたいと思います。それは「再帰性《さいきせい》 reflexivity」という概念です。

二　再帰性と観光

再帰性とは

これまで本書で論じてきた、二重に「見る」ことで世界を「観る」技能を学び習うという考え方、そして「観光は人をつくり、社会をつくる」という観光の螺旋の思考は、近年の観光研究において注目されてきた「再帰性」という概念と深いかかわりを持ちます。いいかえれば、ツーリズム・リテラシーとは観光を通じた再帰的な社会実践の一つ、と考えることができます。

そのため、ここからさらに専門的な議論になりますが、再帰性という概念を本書の観点から理解すること、そして観光と再帰性が取り結ぶ関係を考えることで、ツーリズム・リテラシーを学び習うことの社会的な価値と課題を問いたいと思います。[6]

再帰性とは、イギリスの社会学者A・ギデンズの議論を参考にすれば、主体がその自分自身をも対象化して作用をおよぼす自己準拠的な意識と行為、といえます。これでは難しいので本書の観点からいいかえれば、再帰性とはブーメランのように自らの意識や行為が自分自身へ再び帰ってくることであり、自分で自分を対象化してつくり変えていく作用、といえます。たとえば一章でみたように、自ら行なう楽器演奏やスポーツ競技や口頭発表を録音・録画して自分で分析し、修正点や問題点を発見することで、プレーやパフォーマンスの質を自ら高めていくトレーニングが、再帰的な実践の例です。

これらの再帰的な事例は二重に「見る」こと、すなわち「観る」こととしての観光と、じつによく似た原理を持っています。そしてギデンズによれば、そうした再帰性の加速度的な浸透こそが、わたしたちが生きる近代社会の特徴と考えられます。[7]

[6] 観光と再帰性が取り結ぶ特有の関係については、須藤廣・遠藤英樹『観光社会学2.0――拡がりゆくツーリズム研究』(福村出版、二〇一八年)を参照。やや難解で読み難い学術書ですが、日本語圏だけでなく世界的にも先鋭的で高度な議論を展開しています。

[7] ここでの議論はギデンズの『モダニティと自己アイデンティティ――後期近代における自己と社会』(秋吉美都他訳、ハーベスト社、二〇〇五年)を参照しました。

自由化と個人化の近代

たとえば近代よりも以前の伝統的な社会では、人は生まれたと同時に先祖伝来の名前（太郎やマリアなど）を与えられ、どこに住み、何を職業として、いつ誰と結婚して、どう生きるべきかなどについては、共同体が決定してくれました。やがて自分の子どもが生まれたらどんな名前を与え、年齢を重ねれば何を担《にな》うべきで、そうして自分が死んだらどこに埋葬されるかなどについても、およそ共同体の「きまり（規範）」があり、ほぼ疑う余地も必要もないまま、代々受け継がれていました。

しかし共同体を下支えしてきた宗教や王の権威が揺らぎ、また産業構造が大きく変化して社会の構造が可変的になる近代に入ると、人びとは伝統的な共同体から「解放」されていき、それまでよりも「自由」になっていきます。名前も、職業も、住居も、また結婚をするも・しないも、一人ひとりが自ら決定できる時代になり、それらはおよそ個人的な選択の対象となっていきます。

そうして近代社会における自由化とは個人化を意味し、古い共同体から離脱した人びとは、新しい個人の権利を獲得していきました。一人ひとりが個人として同じ重みの一票を投じ、そうした選挙によって代表者を決する民主主義が発達したのも、近代社会における個人化の結果です。

他方で近代社会は、自ら判断して自ら行動する個人になることを人びとに求めていき、それと反比例して伝統的な「きまり（規範）」は相対化され、共同体の力は廃れていきました。それゆえ個人を養成する教育こそが大切にされていき、よりよい機会を求めて移動する人びとが現われる一方、移動も教育も容易に調達できない人びとは古い共同体に押しとどめられたり、新たな個人の権利を享受できないうえに共同体も助けてくれないような状況に置かれ続けることになりました。

さらに時を経て二〇世紀の後半になると、ほとんどの共同体や社会制度や価値観が分析の対象になり相対化されていった結果、もはや頼りになる「大きな物語」が消え、すべては個人の権利と責任に帰される時代が到来します。このとき人は、自らの外部にあってはたらきかけてくる「物語」だけでなく、自らそのもの、つまり自分自身さえも分析の対象にして相対化し、そうして自分自身をめぐる「物語（アイデンティティ）」を自分で意識化してつくり上げるという、自省的で省察的な作業に取り組むようになっていきます。

こうした時代をギデンズは後期近代と呼び、また他の論者は第二の近代、あるいは液状化する近代（リキッド・モダニティ）と呼び、それ以前の伝統社会や初期の近代社会との決定的な違いを、「再帰性の加速度的な浸透」に見て取りました。[8]

後期近代が到来した時期は論者によって見解が異なりますが、観光の文脈では一九八〇年代の中ごろではないかと考えられます。たとえば「自分探し」の旅を鮮や

［8］W・ベック、A・ギデンズ、S・ラッシュの共著『再帰的近代化――近現代における政治、伝統、美的原理』（松尾精文他訳、而立書房、一九九七年）やZ・バウマンの名著『リキッド・モダニティ――液状化する社会』（森田典正訳、大月書店、二〇〇一年）など、近代社会論の展開は目覚ましいものがあり、観光の研究と教育にも示唆に富む議論が多々あります。難解な書が多いのも事実ですが、それらをじっくり読むリテラシーも身につけることができれば、さらに学びを深めていくことができます。

かに描いた沢木耕太郎の自伝的小説『深夜特急』（一九八四年に新聞連載開始、八六年に単行本化）がベストセラーになり、観光と「自分探し」が節合して独特な魅力を発したのも、このころです。

再帰性の両義的な作用

このように伝統的な「きまり（規範）」や「大きな物語」を相対化して失効させた後期近代において、人びとは自分自身を対象化してチェックし続ける（モニタリングする）ことで、「個性」あるいは「自分らしさ」というアイデンティティを意識的に構築するという、権利と責務を同時に得ました。そうして再帰性がスピードを上げて浸透していく後期近代の社会では、わたしが「わたし」をつくり変え続けるという、二重構造の意識と行為がつねに求められます。これは二重に「見る」こと、すなわち「観る」こととしての観光の原理に、じつによく似ています。

わたしが「わたし」をつくり変え続けるという二重構造に象徴される再帰性は、近代化の推進力であり、とくに後期近代の社会における最も顕著な特徴ですが、そこにはプラスにはたらく作用ばかりではなく、マイナスに作用する力も生じます。[9]

たとえばアイデンティティの確立は、近代社会に生きる人びとにとって必須であり、そこからさまざまな文学や絵画や映画などの表現が生み出されてきました。と

［9］再帰性の両義的な性質と、その観光に及ぼす作用については、須藤廣『ツーリズムとポストモダン社会——後期近代における観光の両義性』（明石書店、二〇一二年）など同氏の一連の論考を参照。前出『観光社会学 2.0——拡がりゆくツーリズム研究』（遠藤英樹と共著）もぜひ読まれることをおすすめします。

ころがその終りのない更新の作業には膨大なエネルギーが求められ、「自分は何をしたいのか」「自分らしい生き方とは何か」を自省的に検討し、自己分析することが「良い生き方」とされる社会では、つねに自己の同一性や個性が意識化されるため、ときに不安や孤独感や閉塞感をひとりで抱え込む状況を、個人に課すことがあります。

このとき「強い個人」ならばひとりで乗り越えることもできるでしょうが、そうではない個人は過重な「自分づくり」の負担に押し潰されそうになったり、伝統的な「きまり（規範）」や「大きな物語」に再び「埋め込まれる」ことを選択したりするかもしれません。あるいは「わたし」をつくり変えていく作業の中毒になり、肉体改造や自己啓発などを繰り返し、かえって生きづらくなる、あるいは命を落とすことも考えられます。後期近代社会の再帰性は、プラスにもマイナスにもはたらく両義的な作用を、わたしたちにおよぼします。

すでに述べたように観光の体験、とくに二重に「見る」ことで「観る」ことを深化させていく観光の螺旋は、このような後期近代社会における再帰性の一例としてみることができます。それゆえ観光はプラスの作用だけでなく、マイナスの作用も生み出すこともあり、再帰的な観光の体験はよいことばかりに満ちた理想の活動とは、けっしていえません。

たとえば旅に「自分らしさ」を追い求めた結果、ときに詰め込みすぎの旅程を計画して忙しい日常を繰り返すような観光を体験したり、自由を求めて海外を放浪したはずが強い孤独感や行き詰まりを覚え、やがて文字通り身動きがとれなくなるような場合も考えられます[10]。

再帰性の両義的な作用は、このような個人のミクロな水準だけでなく社会のマクロな水準でもさまざまに影響しており、いくつものリスクを結果として生み出すこともあります。しかし現時点では再帰性のマイナスの作用を統御し、プラスの作用だけを抽出して活かすなどの便利な方法はみつかっていません。そもそも何が「プラス」で「マイナス」になり、そして何が「リスク」になるのかは相対的であり、また結果的であるため、再帰性をコントロールするという発想そのものが不可能なのかもしれません。再帰性が透徹していく後期近代社会からの出口は、容易にはみつかりそうもありません。

[10] その一つの例が「そとこもり」であり、日本で短期の仕事をして貯金をつくり、物価の安い海外で節約生活を送る「ひきこもり」の人たちの存在がさまざまなノンフィクションや学術書で報告されています。興味がある方はぜひ調べてみてください。

未観の自由への道

ここで出口のみえない状況に絶望し、ニヒリズムに浸るのも一つの道ですが、他方で再帰的な社会をしっかり「観る」ことで、その内側からつくり変えを試み続けることも、また一つの道です。

たとえば上述したように、初期の近代社会を生きた人びとは、伝統的な共同体から離脱して個人化することで、その自由を獲得してきました。近代社会における自由化とは個人化の別名であり、その加速度的な透徹が、個人化による不安や孤独感や閉塞感を高めてきた側面があります。それはまた、剥《む》き出しの個人主義をベースにした新自由主義や自己責任論が跋扈《ばっこ》する、後期近代社会の弊害を生み出してきました。[11]

こうした過度な個人化をひとたび相対化し、後期近代社会における人間の自由を「個人化」から切り替え、つまり別の自由化へのルートへと結びつけること――そうした新たな想像力を試行する一つの道として、世界を「観る」体験としての観光にも期待することはできないでしょうか。それは近代以前の伝統的な共同体に逆戻りする道ではなく、また一足飛びに「新たな共同体」とそのメンバーシップを構想する道でもなく、まず自由化と個人化を切り離して考え、未だ観ぬもう一つの自由化への道を「観る」ための試みです。

このとき「観光は人をつくり、社会をつくる」という観光の螺旋と、それを実現する技能としてのツーリズム・リテラシーは、独自の役割を担うことができるはずと考えられます。これまでみてきたように、わたしたちは世界を「観る」ことを社会的に学び習うことで、はじめてそれを実践できるようになります。そうして「観

[11] もはや「社会」という想像力そのものが失効して、貧困や不自由などは「社会の問題」ではなく「個人の努力の問題」として語られることが「当たり前」になった感がありますが、そうした新自由主義の思考そのものは永続する真理ではなく、じつに最近生まれた一つの時代の特殊な考え方です。そうした支配的な思考から離脱し、相対化して、新たな自由への道を模索することも、これからの観光に期待したい役割です。

る」技能を再帰的にトレーニングし、また観光の技能そのものも再帰的に探究していけば、先にみた観光の表現がもっと増えてさらに豊かになるとともに、成熟して洗練された「観る」技法が発信されて共有されていき、その結果として観光の螺旋による人と社会のつくり変えへと結びつけることも期待できます。そうして再帰的な観光の表現は、再帰的な社会のつくり変えの実践として、活用できると考えられます。

このとき一人ひとりの観光者の自由化を志向する「個人化の観光」ではなく、人間がさらに自由になるための観光——近代社会における個人化のルートから再帰的に離脱し、前近代の共同体とは異なるかたちで他者と連携するような、未だ観ぬ自由化への道を「観る」ための試行錯誤を続けることができれば、その「自由への観光」は貴重なトレーニングとなり、その技能を探究するツーリズム・リテラシーは独自の価値を発揮します[12]。

残念ながら「自由への観光」がどのようなかたちをして、具体的に何をどうすればよいのか、いまは明確にはわかりません。そして観光が上述した再帰性の両義的作用を解毒し、後期近代の難問を解決できる方法になりうるかも不明であり、ここでの議論はあまりにナイーブな空論かもしれません。

そのうえで、観光には独自の価値があり、未だ十分に尽くされていない可能性が

[12] いいかえれば観光は、個人化とは異なるルートで自由になるための方法を開発し、それを実践するための手段になりうる、と考えられます。

ある、と考えることができます。そのため後期近代における再帰性の原理を理解し、その内側から観光を再帰的に実践し、そのツーリズム・リテラシーをつくり変えていく試みを重ねていけば、もう一つの自由化への道を「観る」ことができるかもしれません。いわゆる旅のすべてではなく、二重に「見る」ことで世界を「観る」体験としての観光、そして「観光は人をつくり、社会をつくる」という螺旋の構造を持つ社会的な実践として、人がより自由になることを探究する観光には、「未観の可能性」があると考えられます。

三　リベラル・アーツと観光

リベラル・アーツの精神とツーリズム・リテラシー

人がいまよりも自由になり、社会がさらによくなるための道を探究する学術は、リベラル・アーツ（自由になるための技能）と呼ばれてきました。それは古代ギリシャそしてローマの時代の都市国家（ポリス）における「自由七科」に由来するとされますが、ただしその習得は、都市国家を支えていた数多くの奴隷たちに対する自由市民の「特権」でもありました。いまリベラル・アーツは、万人に開かれた知として再定義され、特定のグループではなくすべての人がより自由に生きるための学術として、欧米をはじめとする大学教育の根幹をなしています。

日本でもリベラル・アーツを掲げる大学や学部や学科がいくつかありますが、全体からみれば少数派であり、そのなかには「教養」の名のもとに古典的で固定的な知識を一方的に教え授けるだけのところも含まれます。残念ながらリベラル・アーツの精神がすみずみまで行き届き、まさしく実践されている大学は、日本では数えるほどしかないと考えられます[13]。

ここで「自由への技能」としてのリベラル・アーツの精神を再考すれば、本書で議論してきた観光こそ、そして世界を「観る」体験を学び習い、より自由になる道を探究するツーリズム・リテラシーこそ、新たな時代のリベラル・アーツに加えられるべき技能として構想することができます。

ここでいう「自由」とは、何ものからも束縛されない状態、すなわち「〜からの自由（freedom）」というよりも、いまの状態から離脱して別の世界を「観る」ため、物理的にも精神的にも移動するプロセス、つまり「〜への自由（liberty）」を意味します。こうした二種類の自由については本書の「はじめに」でも記しましたが、ツーリズム・リテラシーにとって重要なのは後者であり、未だ観ぬ世界への想像力を羽ばたかせ、現在を相対化して変化する道を探る「自由（liberty）」こそが、リベラル・アーツとしてのツーリズム・リテラシーが実践するものです。

[13] リベラル・アーツをめぐる議論では、Bailey, C. H. (1984) *Beyond the Present and the Particular: A Theory of Liberal Education*, Routledge. および吉見俊哉『大学とは何か』（岩波書店、二〇一一年）をおもに参照しました。

ただしその行き先は不明であり、また未観であるため、苦労して移動の体験をしたからといって何かを得られる保証はなく、「観る」ことで進化も成長も約束されていません。それでも自由を「到達すべきゴール」ではなく「移動するプロセス」としてとらえれば、「自由への技能」としてのリベラル・アーツとは、より自由になるための移動の可能性を信頼して実践する技能とその活動のことを意味し、それは上述したように「観る」ための技能としてのツーリズム・リテラシーによって習得し探究することもできるはずです。

「観光教育」の再考へ

もはや明らかなように、観光を「楽しみのための旅行」や「ひとときのレジャー」に限定しておく理由も必要もありません。それは豊かな可能性を秘めた文化的な活動の一つです。ただし、ただ観光すれば誰もが自然と自由になれる理由もなく、他の文化的な活動と同様にその「観る」体験の仕組みを理解し、その技能を学び習う一定のトレーニングを重ねることが必要であり、その一手としてツーリズム・リテラシーという考え方を本書は提示しました。

そうして観光を学び習う真価は、より自由になるための技能を習得して自ら探究することにあり、その一手として個人化とは異なる道筋を目指す「自由への観光」

の実践があります。

ツーリズム・リテラシーとは、リベラル・アーツとしての観光を構想する試みの一つであり、本書はその序説にすぎません。さらなる学術的な考察と裏付け、そして実践的な方法論の検討が求められていますが、既述のように本書ではツーリズム・リテラシーを構成する三層構造のうち、第一層の「ツーリスト（観光者）」のリテラシーに注目して議論してきました。それは第二層の「メディエーター（観光業）」、そして第三層の「コミュニティ（観光地）」のリテラシーを軽視した結果ではなく、これら三つの層がそれぞれ充実し、相互に連関することが重要であることは明らかです。そのうえで現在の日本における観光教育、なかでも二一世紀の数多くの大学で新設された観光系の学部や学科では、第二層の「メディエーター（観光業）」を重視し、その実学的な（あるいは実務訓練的な）教育を中心としてきた状況を、ここでは問い返したいと思います。[14]

たしかに観光産業は新しい世紀の基幹産業と目され、「観光立国」を掲げる日本政府も成長分野の一つとして大きな期待を寄せてきました。しかし旅行会社やホテルなどをはじめとする「メディエーター（観光業）」のための教育、より具体的にいえば観光系の人材を育成するための実学的トレーニングに多くの授業時間を充てる一方で、「ツーリスト（観光者）」を育てるための授業や実習などを整備していな

[14] J・トライブおよびD・エイリーらの観光教育をめぐる論考を参照しましたが、残念ながら和訳された文献はないため、彼らの研究とその成果の一つであるＴＥＦＩ（Tourism Education Futures Initiative）の活動などについて日本でも検討が進むことを願うばかりです。なおここでは Airey, D. & Tribe, J. eds.（2005）*An International Handbook of Tourism Education*. Routledge. をおもに参照しました。

い観光教育の現状は、結果として観光が有する可能性を十分に活かし切れていないと考えられます。いいかえれば第二層の教育は有用ですが、三つある層のうち一つの層に偏った現状を続けていてはもったいない、という意味です。

ただし新たな動きもあります。たとえば近年の観光研究の成果を活用して「まちづくり」や「コミュニティ」や「地域（再生）」などをキーワードに、第三層の「コミュニティ（観光地）」のリテラシーに関する観光教育の機会が増加し、またそれらを名称に掲げる新たな専攻や学科なども増えつつあります。こうした第三層の成長は歓迎すべき変化ですが、しかし第二層の圧倒的な充実と第三層の新たな動きに比べたとき、やはり第一層である「ツーリスト（観光者）」のリテラシーの未発達は、じつに目立ちます。日本全国に数多く生まれた観光系の学部や学科では、観光の文化的・社会的な可能性を理解し、よりよいツーリストになるための技能とそのトレーニングの方法はほとんど教えられていないか、限定的で副次的な位置しか与えられていないようです。

こうした観光教育のアンバランスを改善するだけでなく、観光の秘めた可能性をさらに探究していくため、たとえば教員の経験則や精神論の語りによる場当たり的な教育ではなく、学術的な考察と実証的な方法にもとづいた「ツーリスト（観光者）」のリテラシーの教育が必要である、と本書は考えます。とくに観光系の学部や学科といえども、その卒業生の半数以上が観光とは直接にかかわらない仕事に就くことが現実に起こっているならば、大学における観光教育の意義は、すべての学生にとって文化的で社会的な実践となりうる「よりよいツーリストになるためのリテラシー」の教育にあり、それを学び習うための具体的な教材や教育プログラムを開発していくことにある、といえます[15]。

たとえばメディア系の学科や学部は、観光系と同様に近年増加しましたが、その卒業生の大半はメディアとは直接に関係しない仕事に就きます。そもそも他の学部や学科も同様であり、文学部が作家や評論家だけを、また法学部が法曹だけを、経営学部が企業経営者だけを養成する場ではないように、観光の学部や学科は観光産業の従事者だけを生み出す場である必要はなく、むしろ卒業後の長い人生においてよりよく世界を「観る」技能を学び習い、そのリテラシーを自ら育て続けるための考え方とトレーニングを探究する場として整えることができます。

このような観点から、第一層の「ツーリスト（観光者）」のリテラシーこそ、これからの大学における観光の教育と研究が取り組むべきテーマであり、第二層の「メディエーター（観光業）」そして第三層の「コミュニティ（観光地）」のリテラシーとの連携を視野に入れて取り組むべき重要な課題です。そうして観光の秘めた可能性がさらに実現されていき、よりよいツーリストたちが増えることで、より自由

［15］もちろんツーリズム・リテラシーは大学に限定すべきではなく、たとえば社会人向けの公開講座や中学生・高校生向けの体験型プログラムなど、さまざまに考えられます。そのうえで、より高度に修得し、自ら実践し表現する水準までトレーニングするためには、大学での教育が核心的な価値を持つと考えられます。

で多様な社会へと歩みを進めることができると考えられます[16]。

ツーリズム・リテラシーの教育と研究が整備され、より多くの人びとが習得し実践できる新世紀のリベラル・アーツとして広まれば、それは単によりよく観光をするための能力にとどまらず、いまの世界と自分を相対化して新しい世界と自分と出会う技能になり、そうして人びとがワクワクすることを推進力とする観光の道へと、つなげることができます。

わたしたちは「自由への観光」を実践することで、今日よりも自由な世界を「観る」ことができます。観光の可能性は、未だ尽されていません。

[16] ツーリスト・リテラシーは、いわゆる観光者に限らず、観光業や観光地で働く人びとはもちろん、観光する多くの人びとにも役立つ、近代社会を生きる基礎的な技能とその実践になりうる、と考えられます。そうした長い射程で「観光」をとらえ、その教育の方法を学術的に検討していく作業が待たれています。

5章　もっと観光を学び問うためのブックガイド

観光にかかわる本はたくさんあり、良書も数多くありますが、ツーリズム・リテラシーを探究するためにぜひ参考にしていただきたい、そして日本語で読めて比較的入手しやすい三〇冊を選びました。大型の書店や図書館などを実際に訪れ、ここに紹介した本の近くにある別の本を興味のままに手にとる（ブラウズする）ことも、おすすめします。

〈世界と出会う旅――紀行書・体験記・ノンフィクション①〉

①小熊英二『インド日記――牛とコンピュータの国から』新曜社、二〇〇〇年

近代日本のナショナリズムについて研究してきた歴史社会学者が、デリー大学客員教授として二か月間インドに滞在した際の体験をまとめたものである。大学で日本近代史を講義しながら、インド各地を旅し、現地の知識人や社会活動家らと議論したことなどが日記風に綴られている。ナショナリズムやフェミニズム、NGO、宗教などを切り口に、グローバル化が進む現代インド社会について論じられているが、随所に著者の専門である近代日本の状況も参照され、いわばその比較を通じてインド社会の特徴が浮かび上がってくる。異なる社会を理解するためにはまず、自社会に関する知識や洞察力が必要であることを痛感させられる一冊だ。［須］

②前川健一『プラハ巡覧記――風がハープを奏でるように』産業編集センター、二〇二〇年

名著『東南アジアの日常茶飯』をはじめ、数々の旅行記・研究書を出版してきたトラベル・ライターの最新刊である。「ひと月散歩をしていても飽きない街」を条件に旅行先を探した結果、プラハに行くことに。本書はその滞在記である。一か月も同じ場所に滞在して、飽きないのであろうか? そんな心配は、著者には杞憂である。プラハの建築や食文化、音楽、移民など雑多な事情に関心を寄せ、旅を終えた後も関連書籍を読み込み、旅の記憶を反芻《はんすう》して楽しんだという。本書を読むと、知的好奇心こそが、旅を楽しむための重要な構成要素であることが分かる。本書の元となったブログ「アジア雑語林」も併読したい。［須］

③高野秀行（著）・森清（写真）『イスラム飲酒紀行』扶桑社、二〇一一年（後に、講談社文庫）

世界の辺境地帯に関する数々の著作を発表してきたノンフィクション作家による、イスラム圏の飲酒事情を描いた紀行文である。『コーラン』で飲酒を禁じているというのは、広く知られた一般的「常識」であろう。しかし実際には、人目を避けて酒を作ったり、飲んだりしている人びともいる。著者は、こうした現実に目を向けることで、イスラム圏の異教徒・少数民族の存在や、イスラムが広まる以前の土着の習慣などを紐解《ひもと》いていく。本書を読むことで、一枚岩にみられがちなイスラム圏に対するステレオタイプなイメージが融解し、その多様性や重層性への理解が深まるであろう。［須］

④小田実『何でも見てやろう』河出書房新社、一九六一年（後に、角川文庫、講談社文庫など）

一九四五年の終戦から東京五輪の一九六四年まで、日本人は約二〇年間も海外渡航が制限されていた。その時代に「ひとつ、アメリカへ行ってやろう、と私は思った」という、人を食ったような理由から渡米し、一年間の留学後に欧州、中東、印度をめぐって帰国した、ある若者の体験記。貪欲な好奇心だけを元手に地球を一周した文章からは、世界の広さと自分の小ささを実感してワクワクし続ける、若き思想家の情熱が伝わってくる。もはや時代遅れかもしれないが、北杜夫『どくとるマンボウ航海記』、小沢征爾『ボクの音楽武者修行』、堀江謙一『太平洋ひとりぼっち』など同時代の冒険譚とあわせて読めば、いまなお「何かが見えてくる」かもしれない。［山］

⑤上原善広『被差別の食卓』新潮社、二〇〇五年

フライド・チキン、ナマズ、ザリガニ。これらは米国黒人の食文化「ソウル・フード」として知られているものだ。

プランテーションで働く黒人奴隷が、白人農園主の食べない食材や部位（鶏で言えば、手羽や足など）や食材を利用することで、次第に定着していったものである。米国黒人に限らず、被差別的状況に置かれた人びとは、限られた条件の中で身の周りのものを創意工夫で組み合わせ、独自の食文化を生み出してきた。本書は、そうした世界各地の被差別民の食文化を紹介したルポである。これまで見過ごされてきた食文化に目を向けることは、その土地の歴史や文化を重層的に理解することにつながるであろう。［須］

⑥高橋真樹『観光コースでないハワイ――「楽園」のもうひとつの姿』高文研、二〇一一年

一般的なガイドブックでは取り上げられない地域の複雑な歴史や現状を紹介するシリーズのハワイ編である。ハワイでは、「観光客を輸入して、お金を輸出している」と言われることがある。観光産業の多くが米国本土の資本であることから、観光収入が地元に還元されない仕組みが出来上がっているからである。本書は、こうしたハワイ観光を取り巻くいびつな構造を描くとともに、ネイティブ・ハワイアンの人びとが運営するコミュニティ・ベースド・ツーリズムや観光と社会貢献を結びつけた「ボランツーリズム」など、既存の観光に抗うオルタナティブな動向も紹介されている。観光の問題や可能性を複眼的に考える上でおすすめの一冊である。［須］

〈日常を見直す旅――紀行書・体験記・ノンフィクション②〉

⑦中沢新一『アースダイバー』講談社、初版二〇〇五年、増補改訂版二〇一九年

日常では見過ごされてきた地形や建造物を手がかりに、縄文から現在へいたる長い時の流れを「ダイバー」として潜

り、縦横無尽に想像力を駆使して時空を旅する、異能の書。東京を「潜って」みせた二〇〇五年の初版から話題を集め、複数の続編を経て、二〇一九年に増補改訂版が出版された。そのいずれもが人類学、哲学、思想などの領域で無比の言論を展開する筆者ならではの、鮮やかな発想と読みやすい文章で綴られている。大人だけでなく、本を読み慣れた高校生ならば十分に楽しめる書であり、読めばきっと「アースダイバー」したくなるだろう。[山]

⑧陣内秀信『東京の空間人類学』筑摩書房、一九八五年（後に、ちくま学芸文庫）

変化に富む地形や江戸との歴史的連続性に着目しながら、現代東京の都市空間としての特徴を明らかにした東京論の名著。江戸時代の古地図を片手に東京を縦横無尽に歩きまわり、そこに埋め込まれた歴史性を丹念に読み解いていく著者の方法論は、『ブラタモリ』などの街歩き番組等でも活用されてきた。その意味で、本書は昨今の「街歩きブーム」の火付け役となった書でもあり、出版から30年を過ぎた今もまったく色褪せない。同書を読んで、東京を実際に歩いてみると、街歩きのセンスやリテラシーを磨くことができるであろう。同書の続編ともいえる、近著『水都 東京――地形と歴史で読みとく下町・山の手・郊外』（ちくま新書、二〇二〇年）も併読したい。[須]

⑨五十嵐太郎『美しい都市・醜い都市――現代景観論』中央公論新社、二〇〇六年

景観法の制定に象徴されるように、「美しい景観」の創出は、観光において今も昔も重要なトピックとなっている。だが、そもそも「美しい景観」とはどのような基準で決まるのだろうか、あるいはその対にある「醜い景観」とは何なのだろうか。建築学者が景観の美について、関連する政策や法規制が抱える問題点とともに論じた本書には、観光地の景観を読み解くためのヒントがちりばめられている。本文中、出版された二〇〇六年当時、行政が「醜い景観」とやり

玉に挙げていたのは、渋谷や新宿の都市景観だったことが紹介されている。しかしこれらの場所が、後にインバウンド観光客の目的地として人気となったことは何とも皮肉である。［鈴］

⑩小林真樹『日本の中のインド亜大陸食紀行』阿佐ヶ谷書院、二〇一九年

インド食器・調理器具の輸入卸売業を営む著者が、日本国内にあるインドやネパール、パキスタンなどインド亜大陸出身者の食材店や食堂などを訪ね歩いたルポである。各食材店で売られている商品の詳細な解説が付された「棚図解」も含まれており、インド亜大陸の食文化を理解するための格好の入門書ともなっている。また、経営者のライフヒストリーをはじめ、モスクや祭りに集う人びとなど、在日インド系コミュニティの多様な姿が描き出されている点も興味深い。本書を片手に、身近にあるインド系食材店などを訪ね、エスニック・ツーリズムを実践してみるのも良いであろう。［須］

⑪M・アムスター＝バートン（関根光宏訳）『米国人一家、おいしい東京を食べ尽くす』エクスナレッジ、二〇一四年

近年、「暮らすように旅する」ツーリストが増えている。ホテルよりも民泊などの宿泊形態を好み、観光名所ではなく地元の人たちが集まるカフェ・食堂めぐりなどをする人びと。本書は、まさにそれを東京で実践した米国人の旅行記である。著者は、妻・娘とともに、東京・中野にアパートを借りて、約一か月にわたって日本食を食べ歩いた。本書はその体験をまとめたものである。立ち食いそばやファミリーレストラン、デパ地下など、東京に暮らす人びとにとっては当たり前の風景も、異邦人の目を通すと新鮮なものに映る。本書を読むと、あなたにとって見慣れた東京の風景が少し違って見えるようになるかもしれない。［須］

〈もの語る旅——案内書・随筆・小説〉

⑫昭和堂「大学的地域ガイド」シリーズ、二〇〇九年〜

観光を学ぶことができる全国各地の大学が、それぞれの関係する地域を独自の観点からガイドブックのスタイルで紹介した、観光の教科書としても読み物としても興味深いシリーズ。奈良女子大学による二〇〇九年の『奈良ガイド』を皮切りに、二〇二〇年時点で二〇冊あまりのタイトルが刊行されているが、そのなかでも立教大学観光学部による『東京ガイド』（二〇一九年）がクリティカルに「東京」を問い返し、ラディカルに「観光すること」を「ガイド」している点で出色の出来である。他のタイトルも観光を大学で学ぶことの意義を多様に伝えてくれる、文字通りの「大学的」ガイドブックといえる。［山］

⑬酒井順子『裏が、幸せ。』小学館、二〇一八年

日本海側を指す「裏日本」という言葉には、どちらかというとネガティヴな響きも含まれている。しかし本書ではその「裏」を、むしろ魅力が隠された場所と読み替えて、各地にゆかりの歴史や文学、宗教や芸能などが持つ「裏」ならではの魅力を読み解いていく。『負け犬の遠吠え』でも有名な著者酒井順子は、大学では観光学科で学んだこともあってか、『女子と鉄道』『日本観光ガイド』など観光旅行に関する作品も数多い。なかでも『観光の哀しみ』は、絶版となっているのが惜しまれるが、日常と非日常のはざまを揺れ動く観光客の姿を描き出す秀逸なエッセイ集。［鈴］

⑭ pha『どこでもいいからどこかへ行きたい』幻冬社文庫、二〇二〇年

家にいるのが嫌になったら、旅に出る。高速バスや鈍行列車に乗って。行き先はどこでも良いが、観光名所には関心がなく、知らない街のなんでもない風景を眺めるのが好き。そんな著者が、自身の旅や生活について語ったエッセイ集である。著者にとって、旅は日常を見直すためのものなのだという。いる場所を変えることで、普段の日常を客観視できるようになるからだ。しかしそのためには、細かい場所に面白さや新しさを見いだす視点のようなものが必要だという。逆にこうした視点さえあれば、近所を歩くだけでもいろいろな気づきがあるとも指摘する。本書には、コロナ禍で「マイクロ・ツーリズム」を楽しむためのヒントがありそうだ。［須］

⑮ つげ義春『新版　貧困旅行記』新潮社、一九九五年

貧乏な旅で、旅の内容も貧困だから「貧困旅行記」だという。たしかに訪れる場所の多くはさびれた山村や名もなき離島、泊まるのは侘《わび》しい旅籠や鉱泉宿ばかり。昭和四〇年代から五〇年代にかけて、有名観光地の大型旅館が団体客でにぎわい、かたや海外旅行も一般化しつつあった時期に、あえてそこから取り残されたかのような場所を目指した漫画家つげ義春が、旅先で出会った哀愁たっぷりな人びととの記憶を淡々と、しかし余韻豊かに記したエッセイ。いわゆるバックパッカーの貧乏旅行とは一味違う「貧困旅行」は、生活感あふれた非日常の日常を楽しむ、少しひねくれ者のための旅のスタイルといえよう。［鈴］

⑯ 城山三郎『臨3311に乗れ』講談社、一九八〇年（後に、集英社文庫）

大手旅行会社、近畿日本ツーリストの発展過程を、その前身となった企業のひとつである日本ツーリストの創業者馬

場勇を中心に描いた社史的小説。「臨3311」とは、かつて東海道本線で活躍した修学旅行専用の団体貸切列車のこと。いわゆる企業戦士の武勇伝として読むことも可能だが、視点を変えれば戦後の混乱期から高度経済成長期を経て、日本の旅行業界が成熟するまでの歴史を記した書でもある。そのように読むのであれば、修学旅行をはじめとした団体旅行を核に旅行業のビジネスモデルが確立されていく過程について、小説らしくテンポよく読み進めながら学ぶことができる。［鈴］

⑰沢木耕太郎『深夜特急』新潮社、一九八六年（第一便・第二便）、一九九二年（第三便）
「他者との出会い」よりも「自分探し」を求めて、海外を旅する日本の若者が現われた。一九八〇年代のことであり、彼らは欧米よりもアジアへ向かい、ホテルより安宿を好んだ。そんなバックパッカーまたは貧乏旅行者の「バイブル」が同書であり、日本的なハードボイルドで、ややマッチョな文体は、「ここではないどこか」へと向かう旅の孤独と異郷の優しさを描き出す文学作品として、絶大な人気を博した。同書に出てくる（と目される）安宿や街は「聖地」となり、いまも旅する日本の「巡礼者」たちを惹きつけている。入手しやすい文庫版があり、その第一巻は数十年間もベストセラーとして君臨する、戦後の紀行文学の金字塔である。［山］

〈学ぶ旅――学術書〉

⑱岡本亮輔『聖地巡礼――世界遺産からアニメの舞台まで』中央公論新社、二〇一五年
伊勢参宮やスペイン・サンチャゴ巡礼に代表されるように、観光旅行の歴史は、洋の東西を問わず宗教と深くかかわ

っている。だが宗教が社会において有する存在感や影響力が弱まりつつある現代、宗教と観光は以前とは異なるかたちで再び融合しつつある。副題のとおり本書では、世界遺産となったかつての宗教的な聖地はもちろんのこと、一見宗教とは無縁のアニメの舞台など、ありとあらゆる場所が聖地として消費されている状況について、宗教学や観光学の議論をもとに論じられている。今や身近となったアニメ聖地巡礼やパワースポットめぐりも、本書の読了後には、ひと味違った視点から楽しむことができるだろう。［鈴］

⑲平山昇『鉄道が変えた社寺参詣――初詣は鉄道とともに生まれ育った』交通新聞社、二〇一二年

お正月の「初詣」。誰もが「伝統的な習慣」と信じて疑わないこの年中行事は、じつは明治中期以降に、都市近郊の鉄道会社によって生み出されたものだった。本書では、川崎大師や成田山、伊勢神宮などを舞台にした鉄道各社の熾烈な集客競争が、従来の恵方詣の衰退と近代的な初詣の成立につながっていく様が鮮やかに描かれている。交通事業者が観光において果たしている役割は、「早く遠くへ」人を運ぶだけではない。鉄道が社寺参詣を変えたように、交通事業者は、旅行のスタイルそのもの、あるいは広く文化を創造する主体でもあるのだ。そしてそれは、すべての観光事業者にも当てはまる。身近なトピックで歴史好き以外の方でも気軽に読める一冊。［鈴］

⑳鈴木勇一郎『おみやげと鉄道――名物で語る日本近代史』講談社、二〇一三年

八ッ橋に赤福、安倍川餅にきびだんご。名物みやげの成立プロセスについて、近代における鉄道をはじめとした交通網の発達、博覧会や戦争とのかかわりをもとに紐解《ひもと》きつつ、白い恋人や東京ばな奈など現代の人気商品にまで続く日本のおみやげ文化を豊富な事例をもとに解説した書。じつは古くから存在していた「どこの観光地でも売っているおみや

げ」や敵を「召し取る」から「飯取る」しゃもじがみやげとなった軍都広島など、目からウロコの逸話が満載。おみやげを切り口にして、日本における近代観光の発展過程を楽しみながら学ぶことができる。［鈴］

㉑宮本常一『宮本常一講演選集5　旅と観光――移動する民衆』農文協、二〇一四年

全国各地を自らの足でくまなく歩き、生涯の多くをフィールドワークに捧げた民俗学者宮本常一による、旅や観光についての講演集。宮本の地域への熱い思いが、読者へ文字通り語りかけるように伝わってくる。本書からは、「旅する巨人」とも称された彼の旅の流儀を学ぶこともできるし、昭和四〇年代から離島を中心に地域振興の実践に取り組む中で、観光客誘致と地域文化の関係をいちはやく批判的に論じた慧眼《けいがん》に触れることもできる。このほか宮本の著作には、名著『忘れられた日本人』をはじめ、『日本の宿』や『伊勢参宮』など旅や移動について考えるためにヒントを与えてくれるものが数多く存在する。［鈴］

㉒橋本和也『観光経験の人類学――みやげものとガイドの「ものがたり」をめぐって』世界思想社、二〇一一年

旅先で観光客は他者と出会い、日常とは異なる「もの・こと」を経験する。そしてそこでの経験は日常に戻った後に「ものがたり」として語られる。みやげものや観光ガイドを事例に、そのような観光経験の「ものがたり」について考察する本書では、地域の人びとが文化資源を真摯に提供することによって観光客に真正で実存的な観光経験をもたらす「地域文化観光」の重要性が指摘されている。観光経験をキーワードに、ホスト（コミュニティ）とゲスト（ツーリスト）、そしてそれを媒介するガイドをはじめとしたメディエーターの関係を考えるうえで興味深い議論が展開されている。［鈴］

㉓宮本結佳『アートと地域づくりの社会学――直島・大島・越後妻有にみる記憶と創造』昭和堂、二〇一八年

瀬戸内海の離島や越後妻有の中山間地域など、国内各地でアート・プロジェクトに関する研究を行なってきた環境社会学者の論文集である。現代アートが地域の歴史や住民の記憶を可視化するための媒介になりうることや、アートを通じて可視化された歴史や記憶が地域づくりにおいて大きな役割を果たしうることなどについて、自身のフィールドワークで得られた詳細なデータをもとに、丁寧に論じられている。博士論文をもとにした本書は、本格的な研究書であるものの、平易な文章で書かれており、アートと地域づくりに関心をもつ人には、ぜひ一読をお勧めしたい。[須]

㉔吉田竹也『反楽園観光論――バリと沖縄の島嶼をめぐるメモワール』樹林舎、二〇一三年

ハワイやグアム、バリ、沖縄など、熱帯・亜熱帯の島嶼地域は、「〈南〉の楽園」イメージが付与され、リゾート観光の目的地としても人気が高い。本書は、こうした「楽園観光」の発展過程を通時的に整理したうえで、その問題点やそれを残り超える可能性などについて論じた研究書である。楽園観光地においては、楽園イメージとは裏腹に、現地の人びとに対する抑圧や搾取などがしばしばみられる。観光地に暮らす生活者の視点から、楽園観光地の歴史や現状を考察する本書は、「責任ある観光（responsible tourism）」の実現に向けたリテラシーを身につけるためにも必読の書である。[須]

㉕前田勇編著『新現代観光総論　第三版』学文社、二〇一九年

観光を学ぶための教科書は数多くあるが、本書は観光の歴史から最新の状況まで、そして産業論から文化論まで（あ

るいは推進論から批判論まで）を網羅し、卓越したバランスを実現している点で、独習する人にもおすすめの一冊。なお観光学のテキストとしては珍しく二十年あまり版を重ねた岡本伸之編『観光学入門――ポスト・マス・ツーリズムの観光学』（有斐閣、二〇〇一年）も総合力で優れた教科書であり、この他にも観光の教科書は続々と発刊されているため、ぜひ手にとって読み比べしていただきたい。［山］

㉖D・ブーアスティン『幻影の時代――マスコミが製造する事実』東京創元社、一九六四年
[Boorstin, D.（1962）The Image, Atheneum. 星野郁美・後藤和彦訳]
「われわれは見るためにではなく、写真を撮るために旅行する。」「われわれは現実によってイメジを確かめるのではなく、イメジによって現実を確かめるために旅行する。」――鋭い刃物で切り裂くような現代社会の分析が連続する、観光研究の古典。ただし観光に関するのは第三章だけで、同書は筆者が提唱する「疑似イベント」という概念から、観光をはじめとするさまざまな社会現象を批判的に考察した、アメリカ研究そしてメディア研究の成果である。それでも優れた翻訳と興味深い事例の数々からなる読みやすい本であるため、古典を読む魅力を実感する一冊として、ぜひ一読をおすすめしたい。［山］

㉗J・アーリ&J・ラースン『観光のまなざし増補改訂版』法政大学出版局、二〇一四年
[Urry, J. & Larsen, J.（2011）The Tourist Gaze 3.0, Sage. 加太宏邦訳]
ものの見かた＝「まなざし」は社会的につくられる。ならばツーリストに独特な「まなざし」はいつ、どのように誕生し、いかなるメカニズムを生み出したのか。イギリスの社会学者アーリが一九九〇年の初版から改訂を重ね、変わり

ゆく観光と社会を問い続けた観光研究の古典にして必読書。ただし社会学などの前提知識が必要なため、一人で読むには難解かもしれない。そのうえで、新しく加筆された七章や八章だけでも大学など在学中に理解できれば、観光に対する「まなざし」が違ってくるだろう。余力があれば同じくアーリの『モビリティーズ』（作品社、二〇一五年）なども挑戦してみたい。［山］

㉘D・マキャーネル『ザ・ツーリスト――高度近代社会の構造分析』学文社、二〇一二年

［McCannel, D.（1999）The Tourist: A New Theory of the Leisure Class, University California Press. 安村克己ほか訳］

一九七六年の初版出版以来、観光社会学のみならず人文社会科学的な観光研究全般において常に参照されてきた古典の待望の邦訳。ただし各訳者による丁寧な翻訳がなされているとはいえ、原書が難解なうえに、理論的な背景に関する知識も最低限必要で、読み解くのに少し苦労するかもしれない。しかし、その後の観光研究に大きな影響を与えた「演出された真正性」や「観光対象の記号論」など、ツーリストのみならず、メディエーター、コミュニティ、それぞれの層から現代観光を理解するうえでいまだ刺激に富んだ議論が展開されており、機会があればぜひ挑戦してもらいたい書。［鈴］

㉙V・スミス編『ホスト・アンド・ゲスト――観光人類学とはなにか』ミネルヴァ書房、二〇一八年

［Smith, V. L.（ed.）（1989）Hosts and Guests : The Anthropology of Tourism, University of Pennsylvania Press. 市野澤潤平・東賢太朗・橋本和也監訳］

初版が一九七七年、第二版が一九八九年に出版され、二〇一八年に完訳版が出版された人類学的な観光研究の端緒となった論集。観光研究が、観光「産業」を対象とするだけでなく、ツーリスト（ゲスト）とそれを受け入れる観光地（ホスト）の相互作用の過程を視野に入れて行なわれる必要があることを、世界各地でのフィールドワークをもとに明らかにしている。出版からやや時間がたっているものの、収録された多彩な論文の中には、オーバーツーリズムのような、現代観光が抱える課題とも深くかかわるものも含まれており、いまなお示唆に富む書である。［鈴］

㉚E・ブルーナー『観光と文化――旅の民族誌』学文社、二〇〇七年

［Bruner, E. M.（2005）Culture on Tour: Ethnographies of Travel, The University Chicago Press. 安村克己ほか訳］

観光事業者の手によって観光客に向けに提供されている文化は、真正な文化のコピーであり「ニセモノ」である。そのような通俗的な視点を乗り越え、「真正な文化」がいかにして構築されているのか、そもそも誰がいかなる基準で「真正であること」を決定しているのかを問うたブルーナーの研究の集大成ともいえる書。翻訳書であり、理論的な部分はやや難解に感じるところもあるかもしれないが、著者が世界各地で行なった多彩で魅力的なフィールドワークに触れるだけでも価値があり、文化を資源にした観光に興味があればぜひ手にとっていただきたい。［鈴］

あとがき

なぜ観光を学ぶのでしょうか。観光の仕事に就職して活躍するためでしょうか。この問いは新型コロナウイルス感染症（COVID-19）が地球規模で猛威をふるい、とくに観光の産業へ深刻な被害をおよぼした後の世界で、重く響きます。

ただし「産業」だけに担わせるには、観光の価値とその可能性は大きすぎます。観光の現場で働くかどうかにかかわらず、よりよい観光への思考と技法を学ぶこと、とくに大学など高等教育でよりよいツーリストになるリテラシーを学び問うことは、いまよりも「自由になるための技能《リベラル・アーツ》」の実践的なトレーニングとして、独自の価値を発揮すると本書は考えます。そうした「観光のレッスン」への新たな思考と具体的な方法を、ツーリズム・リテラシーという考え方から探究することが、先の問いに対する本書の答えです。

なお観光の教科書はすでに数多く出版され、なかには版を重ねる名著もあります。それに対して本書は、専門的な教科書を読む前に「なぜ観光を学ぶのか」「いかに観光するのか」という基礎となる問いを考える入門書になること、そして「レッスンを楽しむ教則本」になることを目指しました。観光を学ぶ大学へ進学する高校生や入学した大学生の方はもちろん、観光に興味をお持ちの方も、そうではない方も、本書を通じてツーリズム・リテラシーの思考と方法を楽しんでいただき、観光に秘められた価値とその可能性をさらに味わっていただければ、と願います。

本書はコロナ禍の二〇二〇年にまとめましたが、その土台には五年あまりの共同研究があります。まず2章と3章は二〇一五年から執筆を開始し、はじめに・1章・4章は山口が書いた原稿に須永と鈴木がコメントして推敲を重ね、そして5章はコロナ禍による「ステイ・ホーム」中にリモートで連携して書き進めました。

著者の三人は、獨協大学外国語学部交流文化学科に所属し、日常的に研究交流できる環境にいます。ただし観光学科ではないため、多様な知的好奇心を持つ若い人たちに「観光を学び問う価値」を学術的に理解してもらう必要のある教育現場でもあります。こうした環境こそ本書の「ゆりかご」となったため、交流文化学科の開設時より貴重な研究と学びの場をつくってくださった高橋雄一郎先生、永野隆行先生、北野収先生をはじめとする獨協大学の先生方、また教育研究推進課や大学図書館をはじめとする職員の皆さんへ、心からの謝意を捧げます。そして、つねに考える材料と発見の機会を与え続けてくれる学生の皆さんにも、深く感謝します。

本書の構想は、公益財団法人・日本交通公社の「旅の図書館」が主催する「たびとしょカフェ」や日本観光ホスピタリティ教育学会の全国大会などで発表し、多くの助言や意見を頂戴しました。神田孝治先生（立命館大学）は本書の問いを深く理解され、数々のご助言とともに、新曜社の高橋直樹さんをご紹介くださいました。高橋さんは入門書であり教則本としたい著者たちの願いを受けとめ、無理難題にも真摯に応答し続け、当初のイメージをはるかに超えた本をつくりあげてくださいました。そのほかにも、ここにお名前を記せなかった多くの方々のおかげで、生涯忘れることができないだろう逆風が吹くさなか、新たな観光のための本を上梓することが叶いました。ほんとうに、ありがとうございました。

いまこそ、そしてこれからこそ、「観光のレッスン」はその価値を発揮します。

二〇二一年一月

山口誠・須永和博・鈴木涼太郎

著者略歴

山口　誠（やまぐち まこと）

1973年生まれ。東京大学大学院人文社会系研究科博士課程修了。博士（社会情報学）。獨協大学外国語学部交流文化学科教授。専門はメディア研究，観光研究，歴史社会学。単著に『客室乗務員の誕生』（岩波書店），『ニッポンの海外旅行』（筑摩書房），『グアムと日本人』（岩波書店），『英語講座の誕生』（講談社），共編著に『「地球の歩き方」の歩き方』（新潮社），『複数の「ヒロシマ」』（青弓社），『「知覧」の誕生』（柏書房），共著に *Understanding Tourism Mobilities in Japan*（Routledge）などがある。

須永和博（すなが かずひろ）

1977年生まれ。立教大学大学院観光学研究科博士課程後期課程修了。博士（観光学）。獨協大学外国語学部交流文化学科教授。専門は文化人類学，観光研究，東南アジア研究。単著に『エコツーリズムの民族誌』（春風社），共著に『基本概念から学ぶ観光人類学』（ナカニシヤ出版），『ミュージアムの憂鬱』（水声社），『ワードマップ現代観光学』（新曜社），『観光社会学のアクチュアリティ』（晃洋書房）などがある。

鈴木涼太郎（すずき りょうたろう）

1975年生まれ。株式会社日本交通公社（現 JTB）勤務を経て，立教大学大学院観光学研究科博士課程後期課程修了。博士（観光学）。獨協大学外国語学部交流文化学科教授。専門は観光研究，観光文化論，観光人類学。単著に『観光という〈商品〉の生産』（勉誠出版），共編著に『観光概論（第11版）』（JTB 総合研究所），『買い物弱者とネット通販』（くんぷる），共著に『観光文化学』（新曜社），『フィールドから読み解く観光文化学』（ミネルヴァ書房），*Understanding Tourism Mobilities in Japan*（Routledge）などがある。

新曜社

観光のレッスン
ツーリズム・リテラシー入門

初版第1刷発行　2021年2月18日
初版第2刷発行　2024年1月18日

著　者　山口　誠・須永和博
　　　　鈴木涼太郎

発行者　塩浦　暲

発行所　株式会社　新曜社
101-0051　東京都千代田区神田神保町3-9
電話（03）3264-4973（代）・FAX（03）3239-2958
E-mail : info@shin-yo-sha.co.jp
URL : https://www.shin-yo-sha.co.jp/
印刷所　星野精版印刷
製本所　積信堂

ISBN978-4-7885-1706-6　C1026